AF551718

KUNST
IN 30 SEKUNDEN

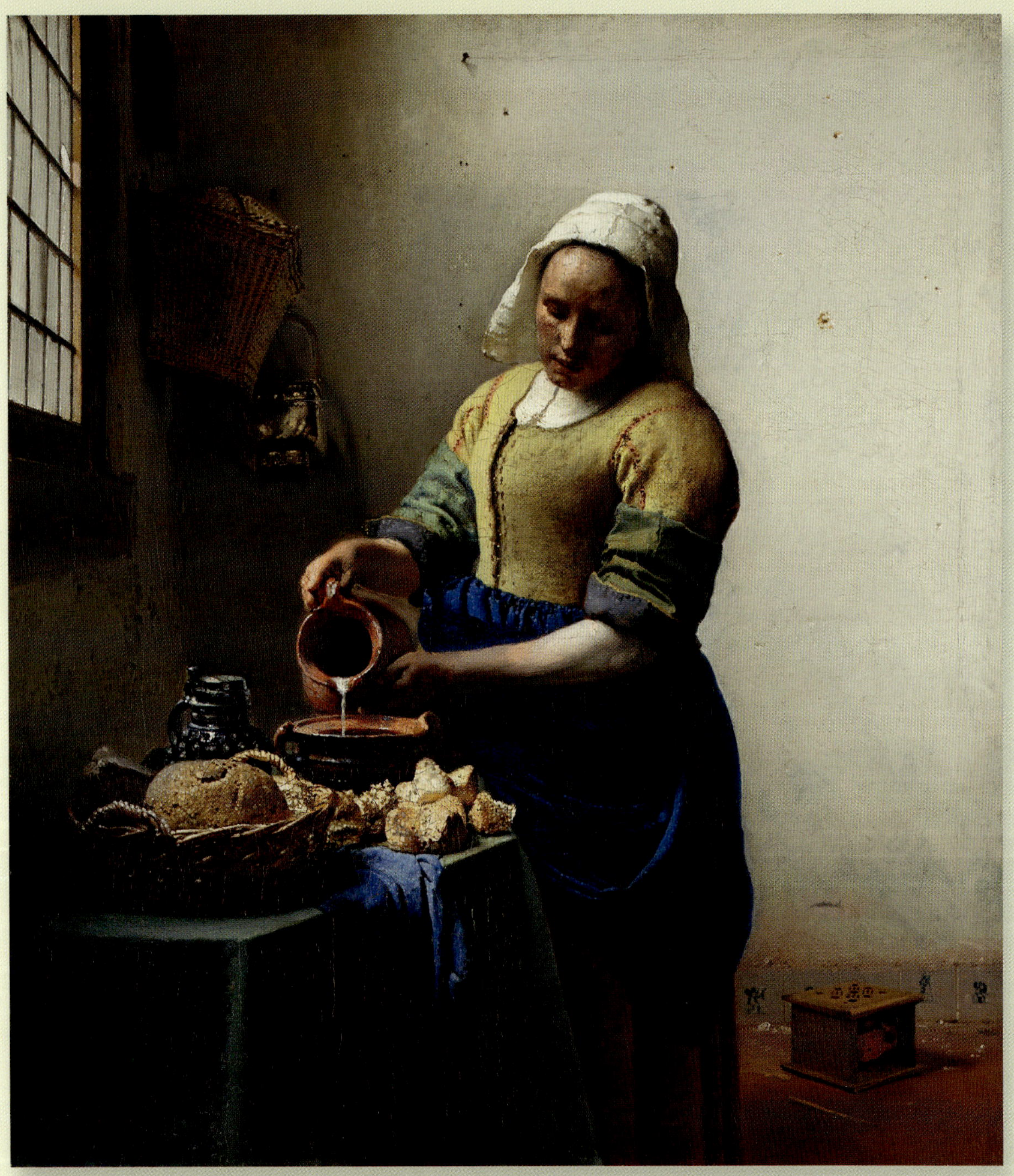

KUNST IN 30 SEKUNDEN

Von Giotto zu Warhol: 50 Kunstwerke, die unsere Art des Sehens verändert haben

Herausgegeben von
Lee Beard

Mit Beiträgen von
Maria Alambritis
Thomas Balfe
Simona Di Nepi
Elena Greer
Paul Harper
Sarah Moulden
David Trigg

Librero

Titel der Originalausgabe: *30-Second Great Art*

Hambakenwetering 8B

5231 DC 's-Hertogenbosch

Niederlande

www.librero-ibp.com

Ursprünglich 2018 herausgegeben von Ivy Press Limited,

einem Imprint von The Quarto Group

Herausgeber: Susan Kelly
Künstlerische Leitung: Michael Whitehead

Redaktion: Tom Kitch
Gestaltung: Ginny Zeal

Aus dem Englischen von Thomas Guirten
(für iMport/eXport)
Lektorat: Anika Seemann
Satz: iMport/eXport, Emden

Printed in Guangdong Province, China TT122025

ISBN 978-94-6359-087-7

INHALT

EINFÜHRUNG

Lee Beard

Kunst existiert, seit Menschen das Bedürfnis hatten, etwas zu schaffen, zu kommunizieren oder zu erzählen. Von den prähistorischen Höhlenmalereien in Lascaux bis hin zu den digitalen Installationen des 21. Jahrhunderts haben Menschen Ideen und Geschehnisse in Bildern oder Formen dargestellt und festgelegt, und damit weltweit Kulturen geprägt. So war Kunst von Bedeutung für die Verbreitung religiöser Doktrinen und politischer Ideale, für die Schaffung nationaler Identität und gemeinsamer identitätsschaffender Mythen und trug damit zum Funktionieren von Gesellschaften bei. Alle wahrhaft große Kunst erweckt außerdem tiefe Gefühle von Freude, Schönheit und Bewunderung.

Der Umfang dieses Buches ist begrenzt, so dass wir unsere Auswahl von Gemälden und Skulpturen auf die westliche Kunsttradition beschränken, ohne damit Kunst aus anderen Weltteilen abwerten zu wollen. Unsere Auswahl betrifft die Kunsttradition vom frühen 14. Jahrhundert bis heute, die auf den künstlerischen Errungenschaften der europäischen Renaissance und dem damit verbundenen humanistischen Kunstideal beruht. Obwohl zu Beginn dieser Zeit noch religiös christliche Themen dominieren, zeigen schon die Gemälde in den ersten Kapiteln, dass die Heiligen und Engel des Mittelalters bald immer weniger stilisiert und somit individueller und lebendiger gestaltet wurden.

Im darauf folgenden Jahrhundert verlor die Kirche allmählich ihre Rolle als wichtigste Auftraggeber der visuellen Künste. Dank Aufträgen aus der Aristokratie und dem höheren Bürgertum konnten Künstler ihre Themenpalette erweitern. Wie wir an den beiden knienden Figuren in Masaccios *Heiliger Dreieinigkeit* erkennen können, wollten die Auftraggeber manchmal auch selbst abgebildet werden – im vorliegenden Fall als Zeichen ihrer Demut und Nähe zu Gott. Die neuen säkularen Auftraggeber verlangten aber auch, dass Macht, Wohlstand und Status zum Ausdruck gebracht werden sollten, was sich zum Beispiel in der Anordnung der Objekte und ihrer verfeinerten Darstellung in Holbeins *Die Botschafter* zeigt.

Die zärtliche Zuneigung der Madonna zu ihrem Kind bringt diese religiösen Figuren dem Betrachter unmittelbar nahe. Madonna der Demut *von Fra Angelico (1395–1455).*

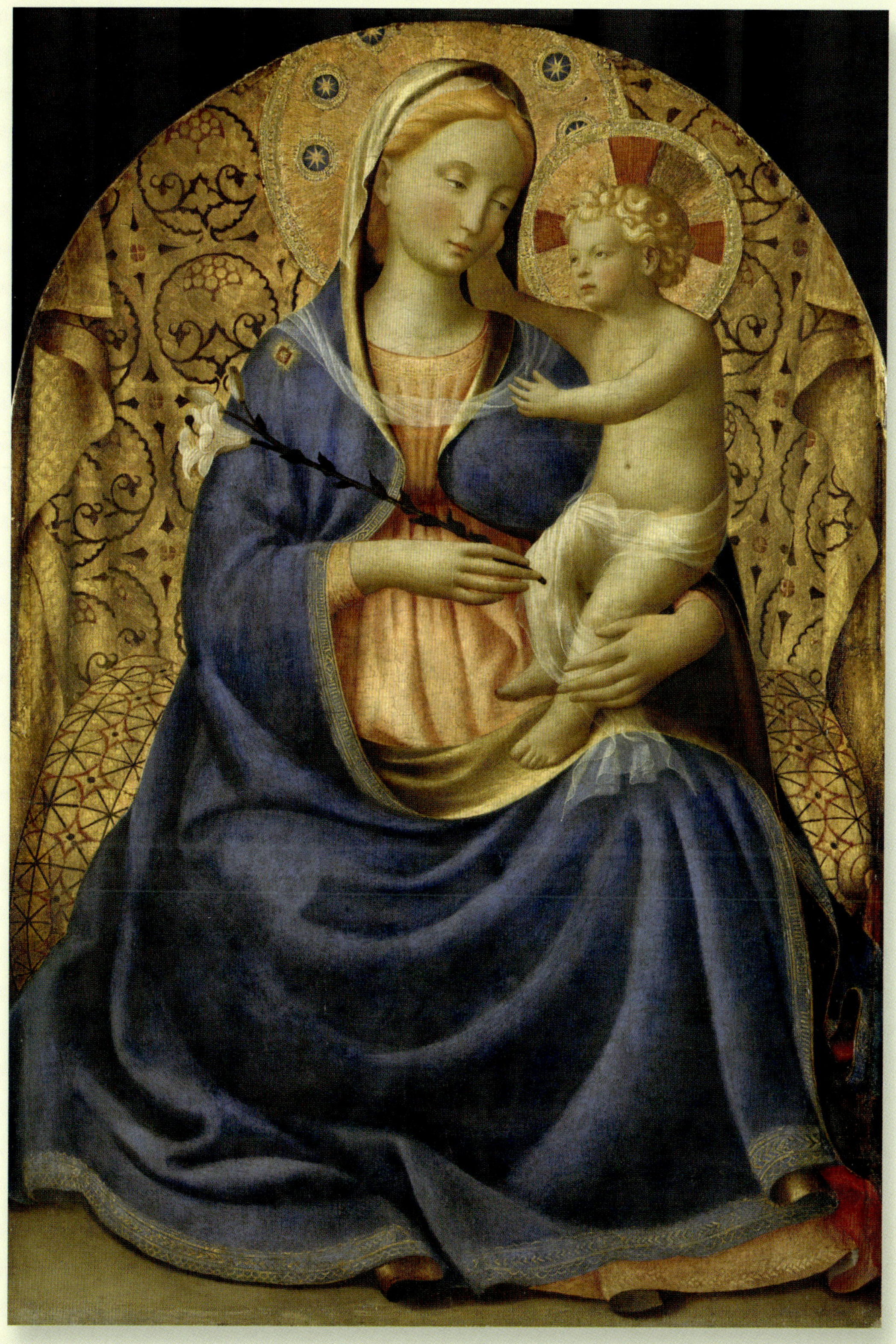

Im 19. Jahrhundert genossen die Künstler dank der Unterstützung durch private Händler und Ausstellungen in Salons immer größere Freiheit. Das Konzept des künstlerischen Genies setzte sich durch. In gewissem Maße wurde das Fundament dazu schon 500 Jahre früher von Giotto gelegt, denn schon in der Renaissance wurde der anonyme Künstler früherer Jahrhunderte durch den individuellen Künstler, dessen Gemälde von stilistischer und technischer Meisterschaft zeugten, abgelöst. Manche Künstler erlangten damals sogar schon Berühmtheit und Reichtum, und ihr Leben wurde von Historikern und Biografen aufgezeichnet. Wie die Auswahl von Zeichnungen und Skulpturen zeigt, hat jeder Künstler seinen individuellen Stil. Ob sich dieser in einem typischen Pinselstrich, in der innovativen Verwendung von Materialien oder in einem besonderen Selbstporträt zeigt – die direkte Verbindung zwischen Künstler und Kunstwerk prägte diese typisch europäische Kunsttradition.

Im Laufe der Jahrhunderte wurden die Konventionen in der Kunst immer wieder verändert, nochmals verändert und manchmal gebrochen. Fantômas *von Juan Gris (1887–1927).*

Zum Aufbau dieses Buches

Dieses Buch zeigt in sieben Kapiteln, die je eine Epoche behandeln, insgesamt 50 große Kunstwerke. Jedes Kunstwerk ist ganzseitig abgebildet und wird in einer 3-Sekunden Skizze kurz vorgestellt. Mehr Hintergrundinformationen finden sich im 30-Sekunden Text. Die 3-Sekunden-Biografien informieren den Leser über interessante Personen, die mit dem Künstler oder dem Kunstwerk in Beziehung standen.

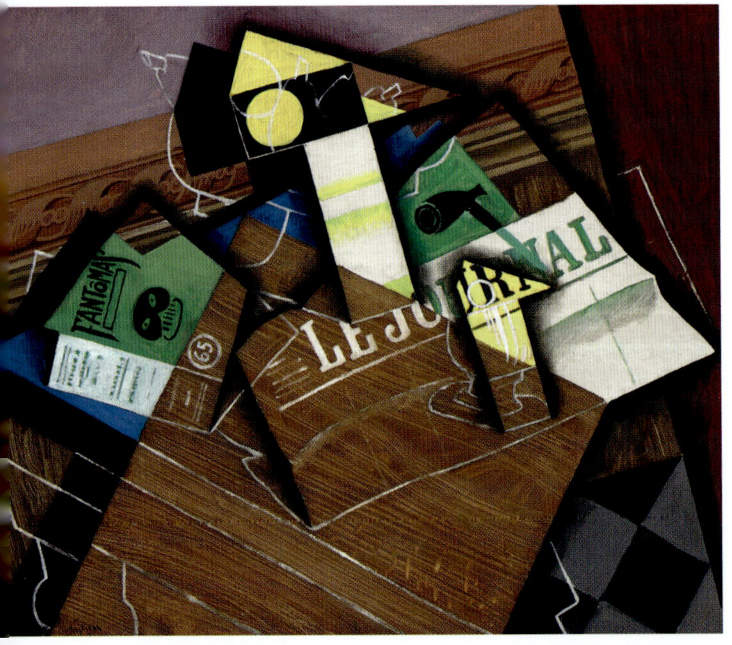

Das Eröffnungskapitel, **Die Renaissance Teil 1**, zeigt ikonische Malereien aus der frühen italienischen und nördlichen Renaissance. Diese Werke aus dem 14. und 15. Jahrhundert zeigen bereits die technischen und ästhetischen Errungenschaften, die die Kunst viele Jahrhunderte lang prägen sollten. **Die Renaissance Teil 2** umfasst nur wenige Jahrzehnte, aber in dieser Zeit lebten einige der allergrößten und berühmtesten Künstler, wie Michelangelo, Dürer und Tizian. **Von Barock bis Rokoko** zeigt die Meisterschaft, mit der die Barockkünstler das ganze Spektrum menschlicher Gefühle und dramatischer Szenen darzustellen wussten. **Neoklassizismus und Romantik** zeigt die Entdeckung der Landschaft als künstlerisches Thema. Außerdem entstand damals der Kontrast zwischen Künstlern, die sich an der Vergangenheit orientierten und solchen, die wichtige Ereignisse der Gegenwart darstellen wollten. **Realismus, Impressionismus und Post-Impressionismus** zeugen schon vom stilistischen Eklektizismus und der Faszination für das Hier und Jetzt, was typisch für die moderne Kunst werden sollte. Zu Beginn des 20. Jahrhunderts sprengte der **Modernismus** als radikaler Avantgardismus wichtige Konventionen westlicher Kunst. Das letzte Kapitel, **Nachkriegszeit bis heute**, zeigt, wie die visuellen Künste durch die Infragestellung der traditionellen Kunst aufgelöst werden. Es zeigt sich aber auch, dass die westliche Tradition zu einer wahrhaft universellen wurde, was einerseits ironischerweise und andererseits unausweichlich zu dem Zeitpunkt geschah, als diese Tradition schon gar nicht mehr vorherrschend war. In den letzten Kapiteln finden sich ein Glossar mit den wichtigsten Begriffen der Kunstgeschichte, sowie Profile und eine Zeitlinie der wichtigsten Künstler und Organisationen.

Durch einen begabten Maler können Schönheit, Status und Soziales in einer einmaligen Szene verschmelzen. Mr and Mrs Andrews *von Thomas Gainsborough (1727–1788).*

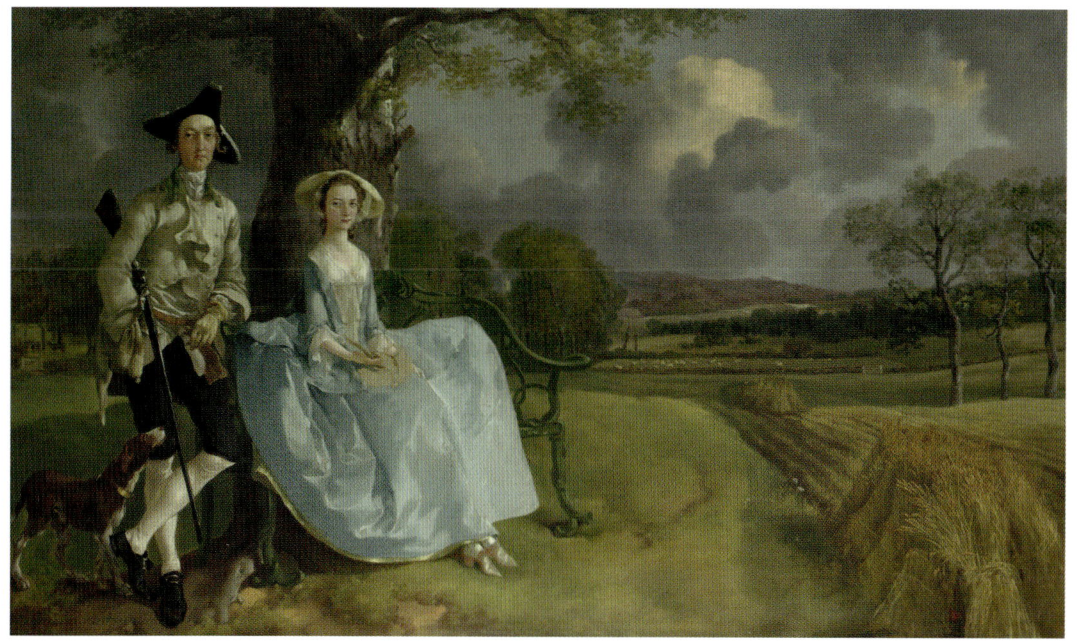

DIE RENAISSANCE TEIL 1

DIE RENAISSANCE TEIL 1
GLOSSAR

Antiquitäten Artefakte oder Gebäude aus der Antike. Sie stammen meist aus der griechischen und römischen Zivilisation des Mittelmeergebiets und entstanden vor dem fünften Jahrhundert nach Christus.

Diptychon Gemälde oder Relief aus zwei aufklappbaren Paneelen mit religiösen Themen. Diese Devotionalien konnten geöffnet oder geschlossen werden, um die Bilder zur passenden Zeit zu zeigen.

Fresko Wand- oder Deckenmalerei, bei der eine Mischung aus pulverisiertem Pigment und Wasser auf einer nassen Putzschicht aus Gips und Leim aufgetragen wurde. Beim Trocknen verbindet sich die gemalte Komposition mit dem Putz (*buon fresco*-Technik). Daneben gab es die *fresco secco*-Technik, bei der die Pigmente auf getrocknetem Putz aufgetragen wurden.

Frühe Renaissance Die Renaissance („Wiedergeburt“) wurde von der Antike inspiriert und entwickelte sich seit Beginn des 14. Jahrhunderts in Italien. Die Erkenntnis der zentralen Rolle des Menschen in der Welt führte zum Interesse für die menschliche Anatomie und zur Entwicklung der Perspektive. Die frühe Renaissance von ca. 1300–1500 findet ihren typischen Ausdruck in den Werken von Giotto und Masaccio.

Kamee Edelstein, Schale oder Glas, das aus zwei gefärbten in Reliefs geschnittene oder gegossene Schichten besteht. Meistens sehr klein und oft in Juwelen oder Anhänger eingearbeitet.

Leiden Christi Die Ereignisse vor und nach der Kreuzigung Jesus Christi. Die Stationen dieser Geschichte, unter denen „Abendmahl“, „Verspottung Christi“, „Kreuzabnahme“ und “Auferstehung“, waren ein beliebtes Thema bei der Verzierung religiöser Gebäude.

Memento mori „Sei dir der Sterblichkeit bewusst“ (Latein). Entsprechende Symbole in der Kunst sollten den Betrachter an die Vergänglichkeit des Lebens erinnern: zum Beispiel ein Stundenglas, Totenkopf oder Skelett.

Mittelalter Die europäische Geschichte vom etwa 5. bis zum 15. Jahrhundert. Der Begriff „Mittel“ bezieht sich auf die Anordnung dieser Epoche zwischen dem Untergang des Römischen Reiches und dem Anfang der Renaissance.

Nördliche Renaissance Nordeuropäische Kunst und Künstler des 15. und 16. Jahrhunderts. Sie orientierten sich weniger stark an der Antike als die italienischen Renaissance-Künstler und Künstler in anderen europäischen Ländern.

Oeuvre „Werk" (französisch). In der Kunst bezieht sich dieser Begriff auf das gesamte Werk eines Künstlers oder einer Künstlerin.

Ölmalerei Ölfarbe entsteht durch die Verbindung von Farbpigmenten mit einem Ölmedium, wie zum Beispiel Leinöl. Durch ihre Widerstandsfähigkeit, die reiche Farbpalette und ihren langsamen Trocknungsprozess (und die dadurch ermöglichten Korrekturmöglichkeiten) führte die Benutzung von Ölfarbe im 15. Jahrhundert zu bedeutenden Entwicklungen in der westlichen Kunst.

Pathos Überzeugungsmittel der Rhetorik, das Gefühle von Trauer oder Wehmut hervorrufen soll.

Perspektive Die räumliche Darstellung eines dreidimensionalen Objekts oder Raumes auf einer zweidimensionalen Fläche. Filippo Brunelleschi (1377–1446) gilt als Entdecker der Perspektive, die sich zu einem Fundament der westlichen Kunst entwickeln sollte.

Porträt Darstellung einer Person als Gemälde, Zeichnung, Skulptur oder Fotografie. In der Vergangenheit waren Porträts immer auch Mittel, Status oder Macht zum Ausdruck zu bringen.

Schirmherr Person oder Organisation, die Künstler einmalig oder strukturell finanziell unterstützt.

Sarkophag Steinsarg, oft mit Schnitzereien und Inschriften verziert.

Tempera Farbe, die durch die Mischung von Farbpigment mit einem wasserlöslichen Bindemittel – meist Eigelb – entsteht. Tempera wurde beim Bemalen von Paneelen und für Manuskripte und Wandgemälde verwendet. Sie wurde später von der weniger schnell trocknenden Ölfarbe abgelöst.

DIE BEWEINUNG CHRISTI
GIOTTO (1266–1337)

30-Sekunden-Kunst

Die Szene stellt die Beweinung von Jesus nach der Abnahme vom Kreuz dar. Giotto verwendet unterschiedliche Gesten zum Ausdruck des Leids. Die weiblichen Trauernden rund um Christus unterstützen seine Gliedmaßen und Kopf und zeigen damit die Schwere seines leblosen Körpers. Die Jungfrau Maria betrachtet kummervoll das Gesicht ihres Sohnes und hält es nahe an ihr eigenes Gesicht, während sie ihn umarmt. Maria Magdalena mit ihren langen roten Haaren und rotem Gewand sitzt zu seinen Füßen. Damit erinnert sie an den Moment als sie seine Göttlichkeit erkannte, während er ihre Füße wusch. Als Kontrast wirft der violett gekleidete Diener in der Mitte – vielleicht Johannes, sein Lieblingsjünger – dramatisch seine Arme nach hinten. Giotto betont die kosmische Natur dieses Ereignisses, indem er die Geste in den trauernden Engeln wiederholt, die verkürzt in die Szene eindringen. Die zwei von hinten gezeigten verschleierten Figuren sind eine symbolische Einladung für den Betrachter, sich mit der Szene zu identifizieren. Diese Einladung reflektiert eine spirituelle Strömung im frühen 14. Jahrhundert, die die Christen dazu aufforderte, sich auch emotional mit der Humanität und dem Leiden Christi auseinanderzusetzen. Giotto erfand eine neue Sprache für die christliche Ikonografie, indem er sich von den steifen Konventionen seiner Zeitgenossen löste und seine Darstellungen lebhafter und zugänglicher machte.

3-SEKUNDEN-SKIZZE
Giotto zeigt in *Die Beweinung Christi* eine nie dagewesene Intensität und Tiefe der Trauer, weil er rein menschliche Figuren darstellt, mit denen der Betrachter sich identifizieren kann.

3-MINUTEN-INFO
Dieses Gemälde gehört zu einer Reihe von Fresken, die das Leben der Jungfrau Maria und das Leben Christi darstellen. Sie sollten die Wände einer großen privaten Kapelle schmücken, die Arena-Kapelle in Padua. Der Bankier Enrico Scrovegni ließ diese Kapelle im Jahr 1300 bauen: als Statussymbol, aber auch als Buße für seine finanziellen Aktivitäten. Geld verleihen galt im Mittelalter als Sünde.

DETAILS
Fresko, entstanden 1305
231 x 236 cm
Arena-Kapelle, Padua

3-SEKUNDEN-BIOGRAFIE
ENRICO SCROVEGNI
gest. 1336
Scrovegni war damals der reichste Mann Paduas. Sein Vater Reginaldo (gest. 1288 oder 1289) erscheint beim italienischen Dichter Dante in *Inferno* als einer der großen Wucherer im siebten Kreis der Hölle.

30-SEKUNDEN-TEXT
Elena Greer

Die schwachen Umrisse auf dem Bild geben dle Grenzen der Giornata an, die Fläche einer Fresko, die an einem Tag aufgetragen und bemalt werden konnte.

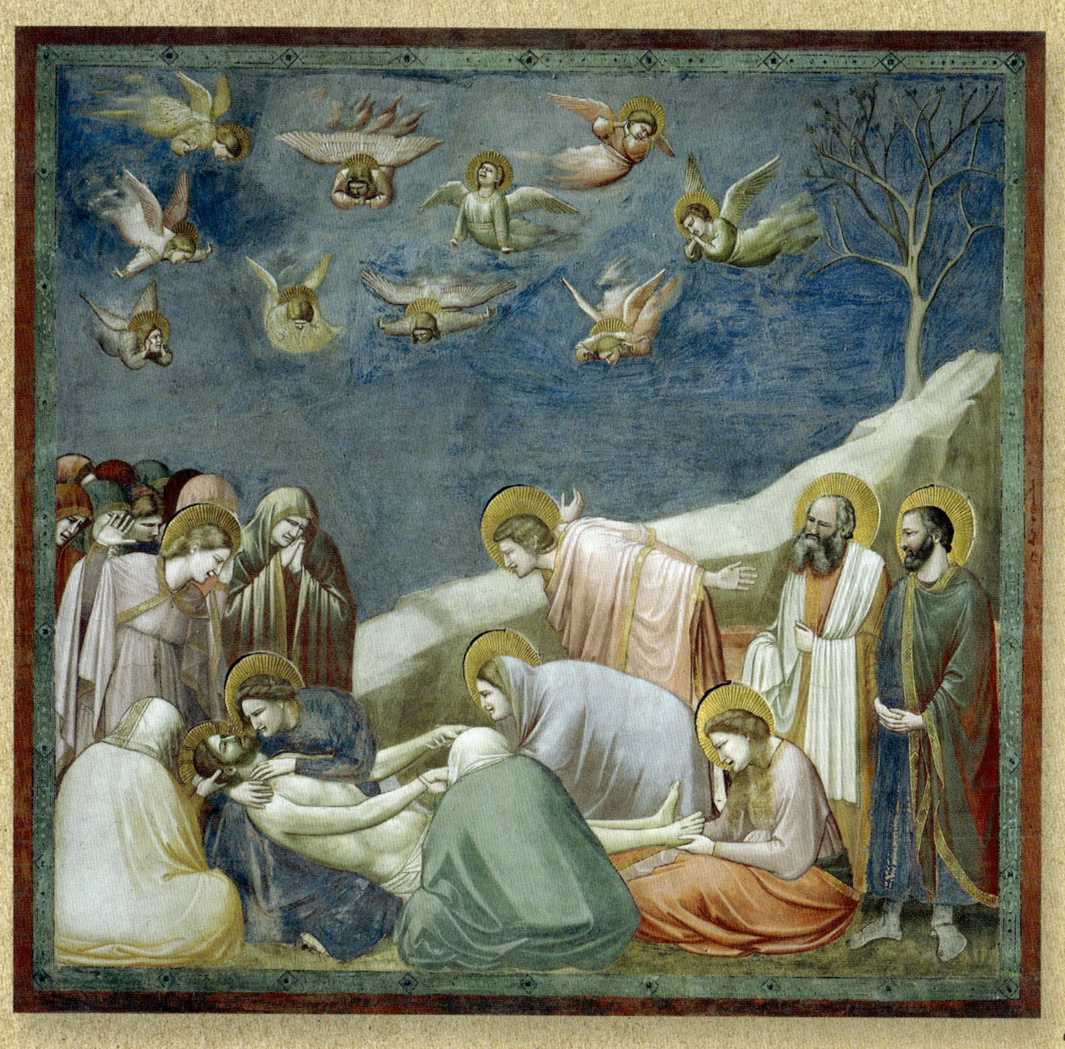

DIE DREIFALTIGKEIT

MASACCIO (1401–1428/29)

30-Sekunden-Kunst

3-SEKUNDEN-SKIZZE

In dieser kühnen Darstellung der Dreifaltigkeit verwandelt Masaccio Malerei in Architektur, indem er die Illusion eines realen, dreidimensionalen Raums schafft.

3-MINUTEN-INFO

Um 1420 herum entwickelte Masaccios Freund Filippo Brunelleschi die lineare Perspektive. Diese mathematische Methode ermöglichte die Abbildung der dreidimensionalen Realität auf zweidimensionale Flächen: Eine Illusion, hervorgerufen durch parallele Linien, die in einem einzigen Fluchtpunkt zusammenkommen. Masaccio war der erste Maler, der diese Technik verwendete. Seine fiktive Kapelle in *Die Dreifaltigkeit* zeigt eine erstaunliche Illusion der Tiefe.

Der jung verstorbene Masaccio

ist wahrscheinlich der einflussreichste Künstler der italienischen Frührenaissance. Seine geniale realistische Darstellungsweise und sein erstmaliger Gebrauch der linearen Perspektive hatten einen weitreichenden Einfluss auf andere Künstler. Eines seiner beeindruckendsten Werke ist das Beerdigungs-Fresko in der Santa Maria Novella. Hier zeigt der Künstler eine fiktive, impressionistische Kapelle, die durch die Wände der Kirche zu brechen scheint. Der monumentale Raum zeigt ein brillant dargestelltes doppeltes Gewölbe, ionische Säulen und korinthische Wandpfeiler. Innerhalb dieser Architektur hält die erhabene Gottesfigur als Vater das Kruzifix, an dem der verstorbene Christus hängt. Zwischen ihren Köpfen schwebt die weiße Taube, das Symbol des Heiligen Geistes. An der linken Seite am Fuß des Kreuzes steht die Jungfrau Maria, die auf das Opfer ihres Sohnes zeigt, und an der rechten Seite der heilige Johannes mit in Trauer gefalteten Händen. Am äußeren Vorsprung des Gemäldes knien die Mäzene im Gebet. Im bemalten Sarkophag hat Masaccio kunstvoll ein Memento Mori versteckt, das an die Sterblichkeit des Betrachters erinnern soll. Über einem Skelett steht die Aufschrift: „Ich war schon was du bist und was ich bin wirst du sein".

DETAILS

Fresko, ca. 1426–1427
667 x 317 cm
Santa Maria Novella, Florenz

3-SEKUNDEN-BIOGRAFIE

FILIPPO BRUNELLESCHI
1377–1446
Florentinischer Architekt, Ingenieur, Bildhauer und Maler. Entdecker der linearen Perspektive, die es der Malerei ermöglichte, die dreidimensionale Welt realistisch darzustellen.

30-SEKUNDEN-TEXT

Simona Di Nepi

Durch eine realistische Abbildung seiner Auftraggeber brach Masaccio mit den stilisierten Personendarstellungen auf religiösen Gemälden.

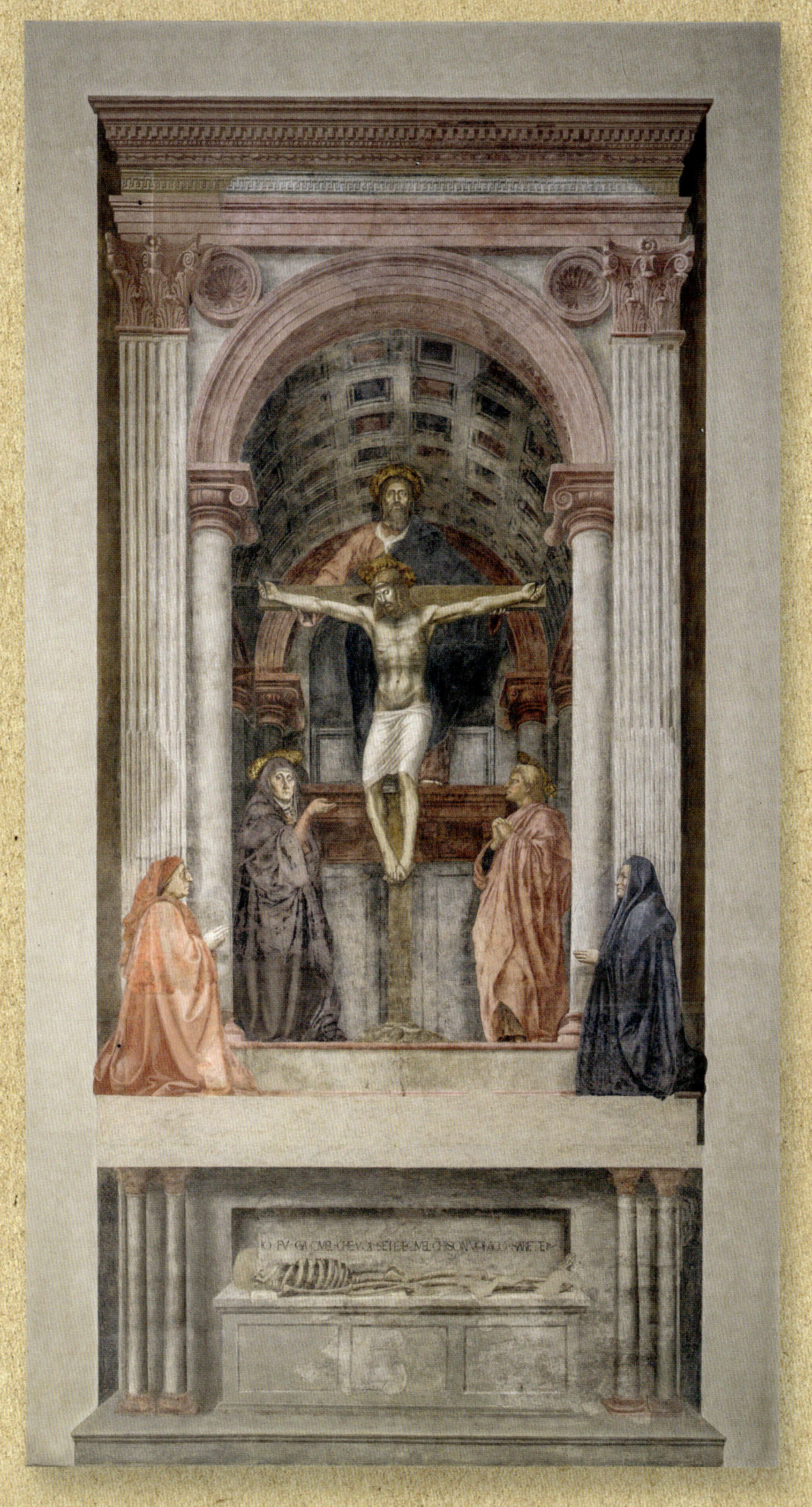

GIOVANNI ARNOLFINI UND SEINE FRAU

JAN VAN EYCK
(TÄTIG SEIT 1422, GESTORBEN 1441)

30-Sekunden-Kunst

Giovanni Arnolfini und seine Frau posieren im Obergeschoss eines roten Ziegelhauses in der Handelsstadt Brügge. Sie werden umgeben von sorgfältig angeordneten kostbaren Objekten. Im Hintergrund sieht man ein Bett mit Schnitzereien und scharlachrotem Bettbezug – ein unüblicher und extravaganter Gegenstand für einen Wohnraum. Auf der Fensterbank liegen exotische, importierte Orangen. Der Maler hat mit verschiedensten Pinselstrichen versucht, die Vielfalt an Strukturen wiederzugeben: vom seidigen Hundefell bis zum dichten kurzen Pelz, das die Gewänder des Paares schmückt. Die ältere Forschung ging davon aus, dass das Porträt zu Ehren der Verlobung oder Hochzeit der beiden geschaffen wurde, dies gilt heute jedoch als unwahrscheinlich. Die Haltung der Frau zeigt nämlich keine Schwangerschaft an, sondern entspricht der damaligen Mode. Im runden Spiegel an der Rückwand sind vier winzige Figuren zu sehen. Eine davon ist vielleicht der Maler selbst, die präzise lateinische Inschrift über dem Spiegel lautet „Van Eyck war hier, 1434“. Van Eyck überarbeitete das Gemälde mehrmals und fügte noch im letzten Moment den Hund und den Kerzenleuchter hinzu. Diese Spontanität deutet an, dass das Porträt ein Geschenk des Künstlers an seine Freunde war, wofür auch die zum Gruß erhobene Hand Arnolfinis spricht.

3-SEKUNDEN-SKIZZE
In diesem Doppelporträt hinterließ Van Eyck seine Signatur. Das Bild ist voller Details, die den Wohlstand und Geschmack des italienischen Kaufmanns Giovanni Arnolfini herausstellen sollen.

3-MINUTEN-INFO
Van Eyck war ein herausragender Künstler der sogenannten „nördlichen“ Renaissance. Berühmt wurde er dadurch, dass er das volle Potenzial der neuen Ölfarben ausnutzte und dadurch Strukturen und Lichteffekte mit außergewöhnlicher Präzision darstellen konnte. Zu den wenigen Werken, die von ihm erhalten blieben, gehören sowohl religiöse Abbildungen als auch Porträts, vor allem von reichen und einflussreichen Personen. Dieses Bild ist wahrscheinlich das älteste erhaltene Exemplar eines Doppelporträts in privater Umgebung.

DETAILS
Ölfarbe auf Eichenholz, 1434
82,2 x 60 cm
The National Gallery, London

3-SEKUNDEN-BIOGRAFIE
GIOVANNI DI NICOLAO ARNOLFINI
ca. 1400–nach 1452
Wirkte in Brügge, entstammte einer reichen italienischen Händlerfamilie aus Lucca.

30-SEKUNDEN-TEXT
Elena Greer

Die Richtung der Deckenbalken und Fußbodendielen führt das Auge des Betrachters zum Spiegel, in dem sich der Künstler selbst abgebildet hat.

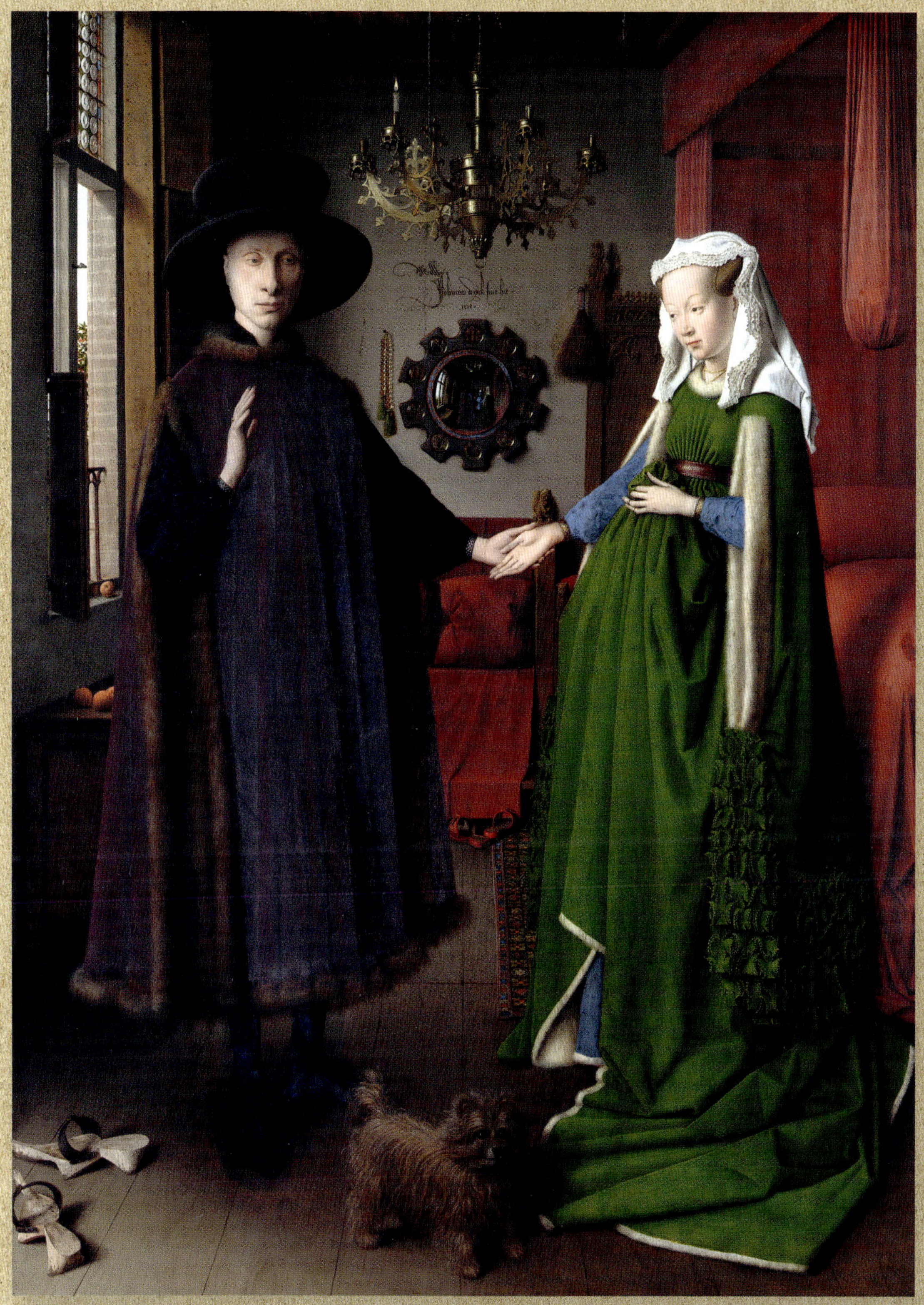

FEDERICO DA MONTEFELTRO MIT SEINER GATTIN BATTISTA SFORZA

PIERO DELLA FRANCESCA
(ca. 1415/20–1492)

30-Sekunden-Kunst

Mit diesem Gemälde schuf der toskanische Maler und Mathematiker Piero della Francesca eines der berühmtesten Porträts der italienischen Renaissance. Das Diptychon zeigt den Herzog von Urbino, Federico di Montefeltro, und seine Gattin Battista Sforza, die im Alter von 26 Jahren nach der Geburt ihres siebten Kindes starb. Das Paar wird im Profil vor einer weiten Landschaft dargestellt. Piero folgt in diesem Gemälde den strengen Regeln für Profilporträts, nach denen im Italien des 15. Jahrhunderts vor allem Porträtmedaillen von Herrschern und Generälen gemalt wurden. Durch die Profilperspektive verbirgt Francesca aber gleichzeitig, dass der Herrscher ein Auge verloren hatte: der Betrachter sieht nur seine „gute Seite". Die genaue, durch die niederländische Malerei inspirierte, Detailbeobachtung ergibt sich besonders aus Battistas eleganter Kleidung und teurem Schmuck. Das Panorama im Hintergrund folgte ebenfalls dem Vorbild der niederländischen Malerei, indem Francesca die in der nebelhaften Landschaft verschwindenden Hügel mit der detaillierten Abbildung der Auftraggeber kontrastieren lässt. Wie die Nase des Herzogs zeigt, haben Profil und teure Kleidung Piero nicht davon abgehalten, den Herzog in glaubhafter Ähnlichkeit darzustellen. Piero lernte die Kraft des Realismus von den flämischen Meistern und von Masaccio, dessen Arbeiten er in Florenz studiert haben muss.

3-SEKUNDEN-SKIZZE
In diesem Doppelporträt kombiniert Piero della Francesca die Profilmalerei in der Tradition römischer Medaillen mit dem Realismus von Masaccio und dem niederländischen Sinn für Details.

3-MINUTEN-INFO
Piero schuf auch ein Altarbild für den Herzog – heute in der Pinacoteca di Brera in Mailand –, bei der dieser in voller Rüstung zu Füßen der Jungfrau Maria kniet. Federico ist ein typisches Beispiel für den italienischen *condottiero*, den Kaufmann und Militärführer, der für Geld und ohne politische Loyalität kämpft. Francesca war als Humanist und Intellektueller ein aufgeklärter Auftraggeber. Unter seiner Herrschaft entwickelte sich die kleine Stadt Urbino zu einem berühmten Zentrum der Künste.

DETAILS
Tempera auf Panel, 1465–1472
47 x 33 cm
Uffizien, Florenz

3-SEKUNDEN-BIOGRAFIE
FEDERICO DA MONTEFELTRO
1422–1482
Militärkommandant, Herzog von Urbino und humanistische Intellektueller. Sein Palast ist ein Musterbeispiel für die Renaissancearchitektur.

30-SEKUNDEN-TEXT
Simona Di Nepi

Obwohl kein bestimmter Ort abgebildet ist, könnte man aus dem Hintergrund ableiten, dass es sich hier um das zur Adria hin abfallende Herrschaftsgebiet der Montefeltros handelt.

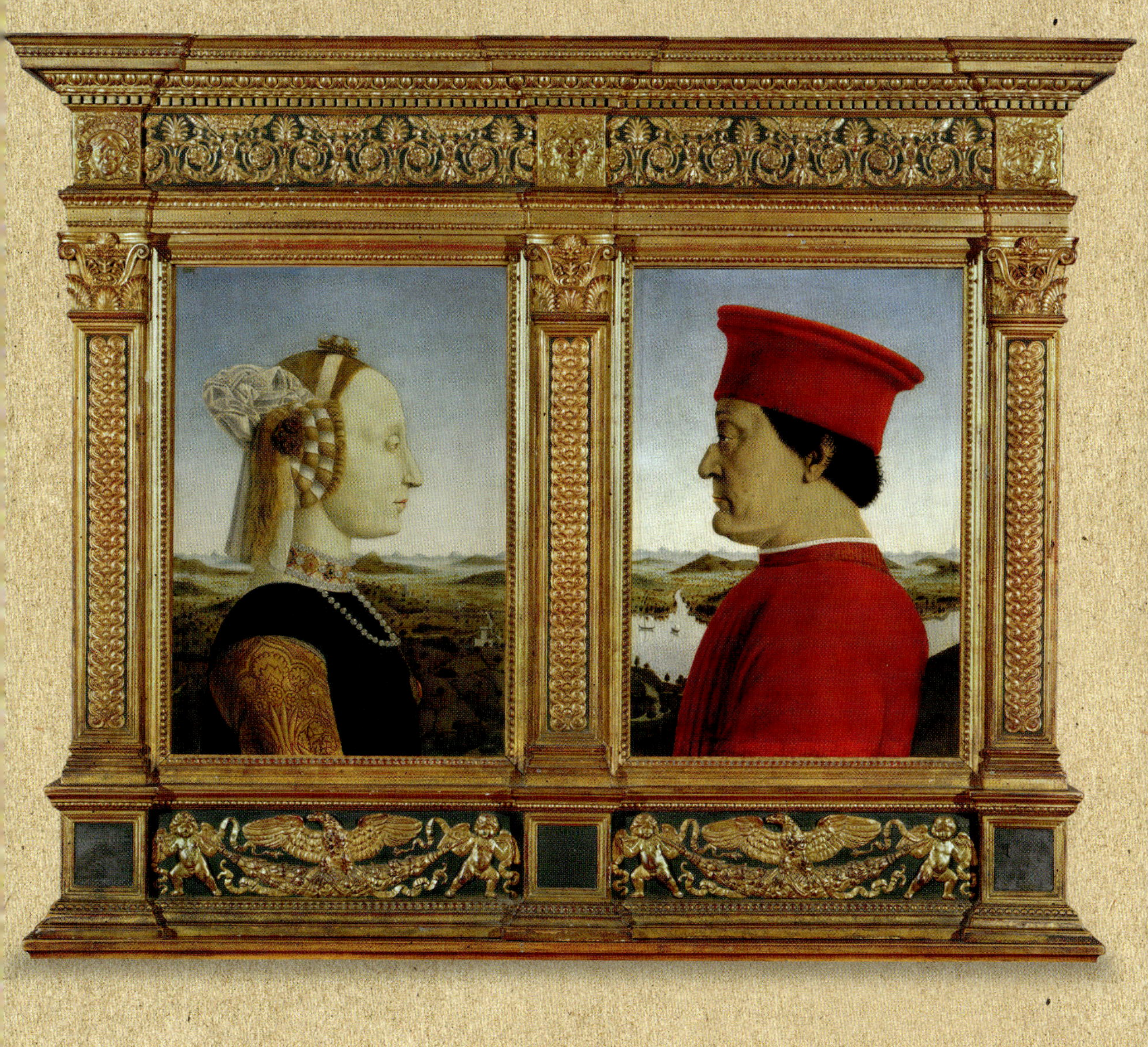

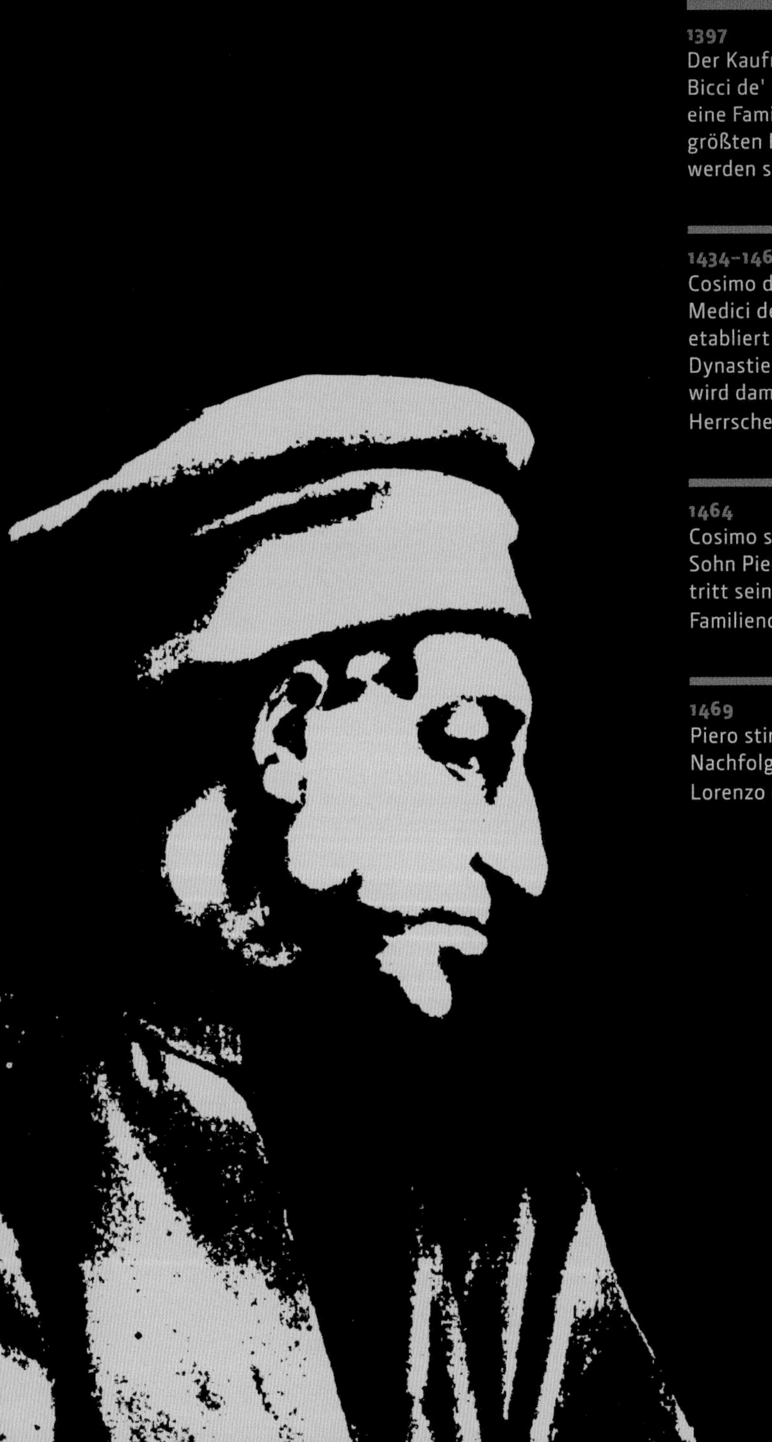

1397
Der Kaufmann Giovanni di Bicci de' Medici gründet eine Familienbank, die zur größten Bank in Europa werden sollte.

1434–1464
Cosimo di Giovanni de' Medici der Ältere etabliert die politische Dynastie der Medici und wird damit de facto zum Herrscher von Florenz.

1464
Cosimo stirbt und sein Sohn Piero der Gichtige tritt seine Nachfolge als Familienoberhaupt an.

1469
Piero stirbt, sein Nachfolger ist der Sohn Lorenzo der Prächtige.

1478
Die Pazzi-Verschwörung: Lorenzo und sein Bruder Giuliano werden während der Sonntagsmesse im Duormo angegriffen. Giuliano stirbt nach 19 Messerstichen, Lorenzo überlebt.

1482
Der dominikanische Bußprediger Girolamo Savonarola beginnt seine Predigten gegen die Medici.

1492
Lorenzo stirbt, seinem Sohn Piero der Unglückliche gelingt es nicht, die Stadt unter Kontrolle zu halten. Lorenzos Sohn Giovanni (der zukünftige Papst Leo X.) wurde offiziell zum Kardinal kreiert.

1494
Piero de' Medici und seine Brüder werden aus Florenz vertrieben. Nach 1512 kehrten die Medici nach Florenz zurück.

DE' MEDICI

Von größter Bedeutung für die Entwicklung der italienischen Kunst des 15. Jahrhunderts waren die privaten Gönner. Mit ihrer Bestellung von Altarstücken für eine Familienkapelle oder Privatgemälden für ihre luxuriösen Häuser ermöglichten sie die Entstehung einiger der größten Meisterwerke der Italienischen Renaissance. Größter Auftraggeber waren die Medici in Florenz.

Obwohl Florenz eine Republik war, wurde sie de facto von der mächtigen Bankiersfamilie Medici kontrolliert. Ihr Aufstieg zur Macht begann im Jahre 1397, als Giovanni di Bicci die erste Bank gründete. Sein Sohn Cosimo der Ältere etablierte eine politische Dynastie. Nach der kurzen Herrschaft dessen Sohnes Piero investierte Lorenzo der Prächtige das Erbe seines Großvaters auch in Kunst.

Führende Architekten, Maler und Bildhauer, wie Brunelleschi, Botticelli und Donatello, arbeiteten für die Medici. Michelangelo, der im 16. Jahrhundert wichtige Aufträge erhielt, konnte sich im „Skulpturengarten" von Lorenzo weiterbilden.

Cosimo engagierte Michelozzo, seinen Lieblingsarchitekten, um das Dominikanerkloster von San Marco zu restaurieren, und den Maler Fra Angelico, um die Wände der Mönchszellen mit Fresken der Leidensgeschichte Christi auszumalen. Cosimo beauftragte Michelozzo auch mit dem Entwurf des beeindruckenden Palazzo Medici, den der Künstler mit Gemälden, Skulpturen und Antiquitäten füllte. Donatello schuf zwei Bronzestatuen biblischer Helden: Sein nackter *David* stand im Hof, *Judith und Holofernes* im ummauerten Garten. Einige Jahre später wurde Benozzo Gozzoli beauftragt, die Kapelle des Palastes mit Fresken auszumalen. In der *Prozession der Könige* wurden Porträts der Medici und ihrer Günstlinge eingearbeitet.

Lorenzo schätzte auch kleine, kostbare Objekte: alte Kameen, Vasen, Juwelen und kleine Statuen. Lorenzo war nicht nur Dichter und Gelehrter, sondern auch ein raffinierter Politiker, der die Kunst als Mittel der Diplomatie benutzte. Er verschickte Geschenke und ermutigte Andere, seine bevorzugten Künstler und Architekten zu beschäftigen. Nach einem Krieg zwischen Florenz und Rom schickte Lorenzo die Künstler Sandro Botticelli, Domenico Ghirlandaio, Cosimo Rosselli und Petro Perugino nach Rom, um die Sixtinische Kapelle mit den *Geschichten von Moses und Christus* ausmalen zu lassen und damit den Frieden zu besiegeln.

Nach dem Tod Lorenzos und der Vertreibung der Medici aus Florenz dauerte es bis 1512, bis die Familie wieder als Kunstmäzenin aktiv wurde. Im 16. Jahrhundert vergaben die Medici weitere ehrgeizige Aufträge, wie die Gestaltung der Medici-Kapelle und Laurentinischen Bibliothek der Basilika di San Lorenzo an Michelangelo.

Simona Di Nepi

DER HEILIGE GEORG UND DER DRACHE

PAOLO UCCELLO (ca. 1397–1475)

30-Sekunden-Kunst

Das Gemälde zeigt eine Episode aus dem Leben des heiligen Georgs aus der *Legenda Aurea* von Jacobus de Voragine (1229–1298), eine Sammlung von Traktaten zu den Lebensgeschichten der Heiligen, aus dem viele Künstler schöpften. Beim heiligen Georg geht es um einen hungrigen Drachen, der nur besänftigt werden konnte, wenn die Einwohner von Silene (Libyen) ihm einen von ihnen ausgelosten Menschen opferten. Als dieses schreckliche Schicksal die Tochter des Königs traf, rettete sie der heilige Georg und durchbohrte den Drachen mit seiner Lanze. Uccello komprimierte mehrere Momente dieser Geschichte in einer einzigen Szene. Für heutige Betrachter geben der groteske Drachen, das schematisch dargestellte Pferd und die vereinfacht dargestellte Rüstung dem Ganzen den Charme eines Cartoons. Der aufziehende Sturm rechts oben symbolisiert das sich entfaltende Drama. Trotz des religiösen Themas war dieses Gemälde mit seiner romantisch-höfischen Atmosphäre und geringen Größe wahrscheinlich für den privaten Gebrauch bestimmt, vielleicht für das Schlafzimmer eines jungen Paares. Ucellos Werk ist innovativ, indem er ein mittelalterliches Märchenbild durch die Benutzung mathematischer Perspektive mit den wissenschaftlichen Innovationen der Renaissancekunst verbindet. Diese Spannung zeigt sich auch im berühmtesten Werk von Uccello, der Trilogie *Die Schlacht von San Romano*, deren drei Teile über die National Gallery in London, dem Louvre und die Uffizien in Florenz verteilt sind.

3-SEKUNDEN-SKIZZE
Ucellos Darstellung der Legende des Heiligen Georg kombiniert den stilisierten Charakter höfischer Kultur, wie in den Figuren und dem Drachen, mit moderner räumlicher Tiefe.

3-MINUTEN-INFO
Dieses kleine Gemälde hat eine außergewöhnliche Geschichte. 1939 konfiszierten Nazitruppen das Gemälde, das sich im Besitz der Wiener Aristokratenfamilie Lanckoronski befand und brachten es zum Schloss, das Hitlers Museum werden sollte (Schloss Immendorf in Österreich). Nach dem Krieg wurde das Gemälde der Familie zurückerstattet, die es zunächst in ihrem Schloss aufbewahrte, dann aber in einer Bank in Zürich unterbrachte. Kurz danach brannten das Schloss und der Rest der darin enthaltenen Sammlung ab.

DETAILS
Öl auf Leinwand, ca. 1470
55,6 x 74,2 cm
The National Gallery, London

3-SEKUNDEN-BIOGRAFIE
HEILIGER GEORG
Legendärer Soldat und Heiliger aus dem dritten Jahrhundert, römischer Soldat und christlicher Märtyrer. Er ist der Schutzheilige von England und vielen anderen Ländern, Städten und Berufen.

JACOBUS DE VORAGINE
1228/30–1298
Erzbischof von Genua und Autor der *Legenda aurea*, nach der Bibel das am weitesten verbreitete Buch des Mittelalters.

30-SEKUNDEN-TEXT
Simona Di Nepi

Die schlanke und schöne Prinzessin aus dem dritten Jahrhundert stellt das Ideal weiblicher Schönheit der Italienischen Renaissance dar.

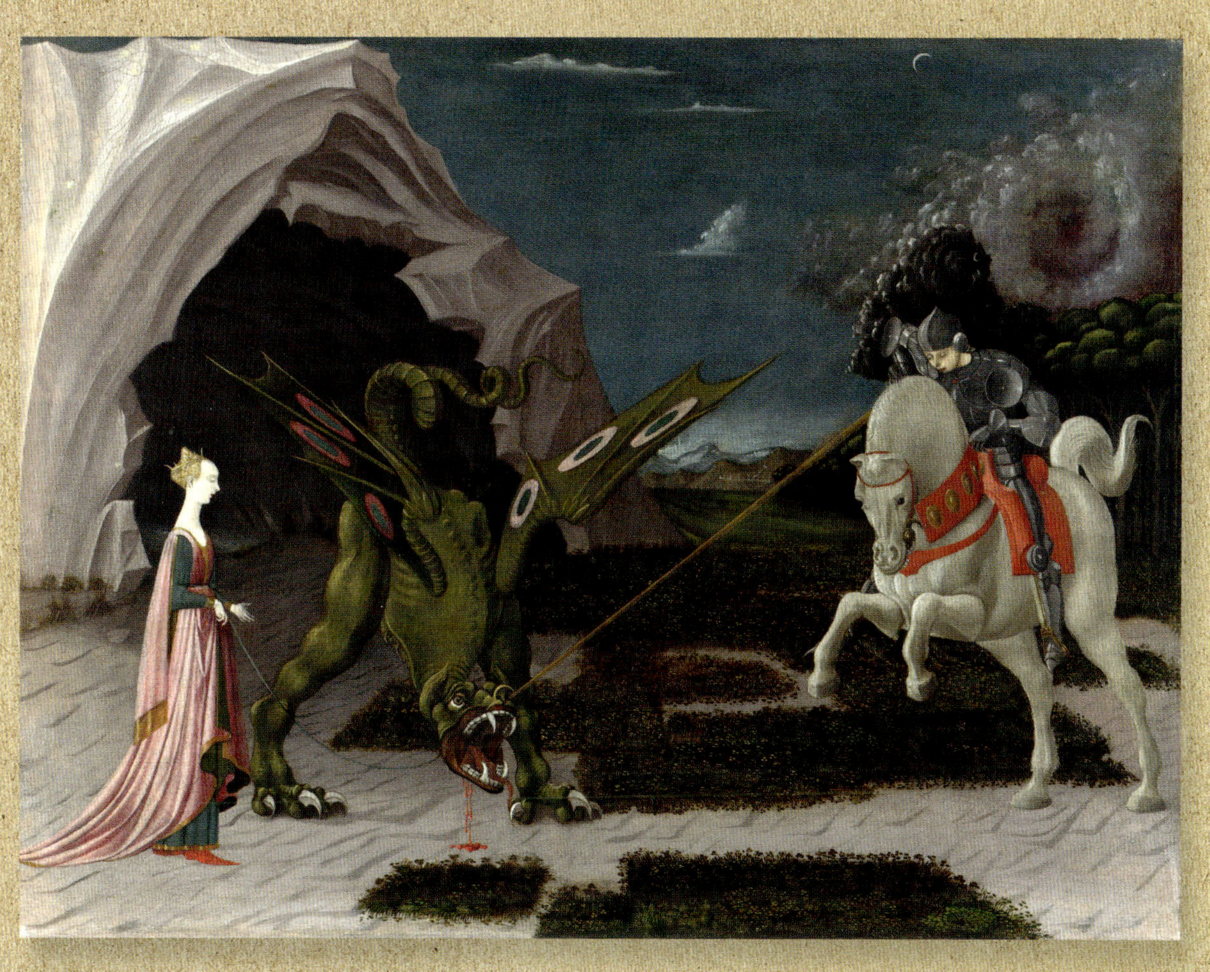

DAME MIT DEM HERMELIN
LEONARDO DA VINCI (1452–1519)

30-Sekunden-Kunst

Das schöne Modell ist die 16-jährige Cecilia Gallerani, eine junge Dichterin aus Mailand, Geliebte von Ludovico Sforza, Herzog von Mailand, und berühmt für ihre Schönheit und Intelligenz. Sie ist modisch gekleidet und hält ein Hermelin auf dem Arm. Dieses Pelztier wird als doppeltes Symbol gedeutet: Für Ludovico, der in den Orden des Hermelins aufgenommen worden war, und für Cecilia selber, weil der griechische Name für Hermelin, *galee* an ihren Nachnamen erinnert. Außerdem assoziierte man in der Renaissance das weiße Fell des Wiesels mit Reinheit und Mäßigung, zwei Tugenden für eine junge Frau. Aus neuesten wissenschaftlichen Untersuchungen ergibt sich, dass Leonardo das Tier später hinzufügte, vielleicht auf Wunsch von Ludovico oder Cecilia. Der Reiz des Porträts liegt in der dynamischen Pose und dem wachen Blick Cecilias. Sie dreht den Kopf nach links, als ob jemand soeben das Zimmer betreten hätte. Damit steht ihr Kopf schräg zu ihrer Büste. Sogar in einem Moment offensichtlicher Ablenkung behält Cecilia jedoch ihr ruhiges und würdiges Aussehen, denn ihr Blick ist zwar aufmerksam, aber unbeirrt, während ihre Haltung dynamisch, aber beherrscht bleibt. Dank seiner außergewöhnlichen Dynamik und seiner Überwindung der strengen Profilregeln gilt *Dame mit dem Hermelin* als das „erste moderne Porträt."

3-SEKUNDEN-SKIZZE
Dieses schöne Gemälde nimmt eine Schlüsselrolle in der Geschichte der weiblichen Porträtmalerei ein. Leonardo vermied das traditionelle Profil und schuf eine dynamische und überzeugende Ähnlichkeit.

3-MINUTEN-INFO
Die Dame mit dem Hermelin entstand, als Leonardo als Hofkünstler für Ludovico Sforza in Mailand arbeitete. Zu dieser Zeit war Leonardo vielseitig aktiv: Er malte Hofporträts, arbeitete an *Das letzte Abendmahl* und an einem großen Lehmmodell für eine Statue von Ludovicos Vater, sowie an vielen anderen Projekten. 1499 stürzten französische Truppen die Sforzas, so dass auch Leonardo aus der Stadt flüchten musste.

DETAILS
Ölfarbe auf Paneel, ca. 1489–1490
54 x 40 cm
Czartoyski-Stiftung, ausgestellt im Nationalmuseum Krakau.

3-SEKUNDEN-BIOGRAFIE
LUDOVICO SFORZA
1451–1508
Herzog von Mailand, brutaler Herrscher und aufgeklärter Auftraggeber von Künstlern, Dichtern, Architekten, Ingenieuren und Musikern. In seiner Zeit entwickelte sich Mailand zu einer der wichtigsten europäischen Hauptstädte.

30-SEKUNDEN-TEXT
Simona Di Nepi

Der ursprüngliche Hintergrund voller subtil abgetönter Farben wurde im 19. Jahrhundert schwarz übermalt.

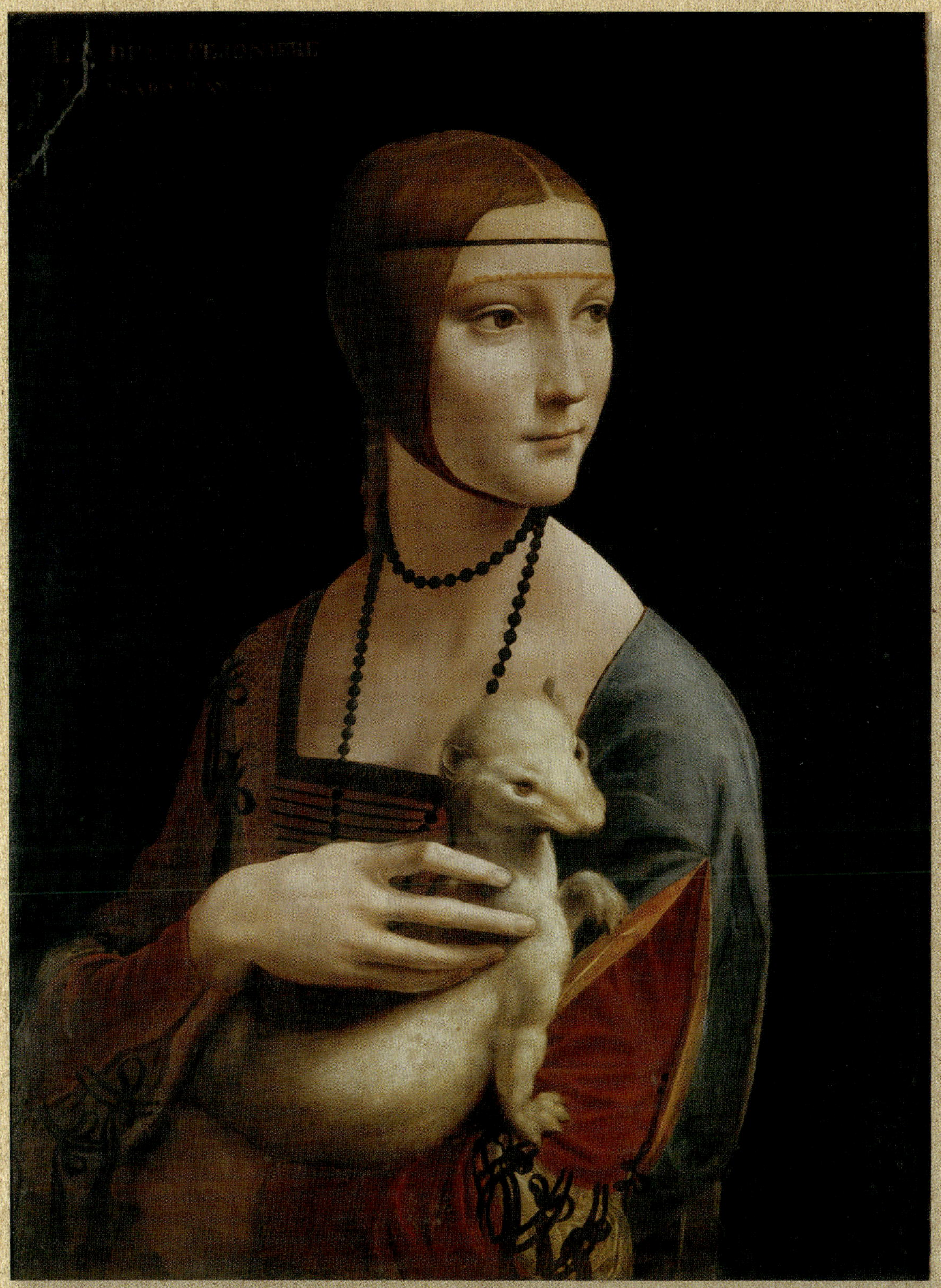

DIE RENAISSANCE TEIL 2

DIE RENAISSANCE TEIL 2
GLOSSAR

Altarstück Frommes christliches Gemälde oder Skulptur über oder hinter einem Kirchenaltar, gegenüber der Gemeinde. Diese religiösen Darstellungen wurden oft auf aufklappbaren Paneelen gemalt.

Basilika Ehrentitel der römisch-katholischen Kirche für bedeutende Kirchbauten, erbaut nach der Architektur römischer säkularer Gebäude ab dem zweiten Jahrhundert nach Christus. Diese halb öffentlichen, rund um ein zentrales Mittelschiff errichteten Gebäude, wurden zuerst unter Kaiser Konstantin im Jahr 312 n. Chr. für den christlichen Gottesdienst benutzt.

Brüstung (Parapet) Schutzwand, verhindert den Fall von einem Balkon oder Dach.

Cherub/Putten Geflügelte Kindergestalten in Architektur und Malerei in einer himmlischen Umgebung. Der Ausdruck *Putto* (Plural *Putti*) bezeichnet speziell runde kleine Jungen, nicht unbedingt mit Flügeln.

Gotik Epoche der mittelalterlichen Architektur, die sich durch hohe Spitzgewölbe, Strebebögen und komplizierte Verzierungen kennzeichnet. Während der Renaissance erhielt der Begriff Gotik eine negative Ladung und galt dieser Architekturstil als „Barbarei". Ab Mitte des 18. Jahrhunderts nahm das Interesse an der Gotik jedoch wieder zu und sie beeinflusste die moderne Architektur und das moderne Design bis zum frühen 20. Jahrhundert.

Grisaille Eine Malerei in Grautönen, die oft die Wirkung von Steinskulpturen imitieren will.

Hochrenaissance Diese Zeit umfasst die vier Jahrzehnte bis zur Plünderung Roms im Jahr 1527. Damals wurden einige der schönsten Werke in der Geschichte der westlichen Kunst geschaffen, unter anderem durch Michelangelo, Rafael und Da Vinci.

Holzschnitt Druckverfahren, bei dem das Abbild durch Ausschnitzen der nicht zu druckenden Teile erscheint. Die Oberfläche des Holzes wird in Faserrichtung geschnitten und die Abbildung, auf der die Tinte aufgetragen wird, ragt hervor.

Illuminiertes Manuskript Ein mittelalterliches oder späteres Manuskript, dessen Text von Dekorationen und Illustrationen in kräftigen Farben verziert wird. Der Name entstand durch die häufige Verwendung von Gold als Dekoration.

Klassisch Kunstwerke, die aus dem alten Griechenland oder Rom stammen oder die sich ihren Stil als Vorbild nehmen. Die klassischen Prinzipien der Ordnung, Ausgewogenheit und Klarheit waren während der gesamten Geschichte der westlichen Kunst ein wichtiger Referenzrahmen.

Kontrapost (*contrapposto*) Bei dieser Darstellungsweise weisen die oberen und unteren Teile des menschlichen Körpers in etwas verschiedene Richtungen, um eine Wirkung der Asymmetrie und Balance zu erzielen. Kontrapost in den Statuen des alten Griechenland führte zu einer größeren Naturtreue in der Kunst.

Mittelalterlich Bezieht sich auf das Mittelalter.

Monogramm Ineinander gewobene Buchstaben, meistens die Anfangsbuchstaben eines Namens, die als Motiv oder Logo verwendet werden.

Mythologie Sammlung von Geschichten mit meist fiktionalen oder Phantasiegestalten, die den Glauben und die Normen einer Kultur darstellen und bekräftigen sollen. Die klassische Mythologie und ihre Symbole sind seit der Renaissance eine wichtige Inspirationsquelle für Künstler gewesen.

Naturalismus Das Streben, die Natur mittels Kunst wahrheitsgetreu abzubilden.

Selbstporträt Die Selbstdarstellung eines Künstlers oder einer Künstlerin, entweder einzeln oder als Teil einer größeren Komposition.

Triptychon Ein meistens religiöses Gemälde aus drei aufklappbaren Paneelen. Normalerweise sind die zwei äußeren Paneele geschlossen, um das mittlere zentrale Paneel zu verbergen.

Venus Pudica Die *keusche Venus* bezieht sich auf die vielen Kopien der antiken griechischen Skulptur *Aphrodite von Knidos* des griechischen Bildhauers Praxiteles aus dem vierten Jahrhundert vor Christus. Das später verloren gegangene Original wurde bereits in der römischen Zeit oft kopiert. Venus' Haltung im Kontrapost, durch die sie ihre Nacktheit zu verhüllen versucht, hat viele Künstler inspiriert.

PIETÀ

MICHELANGELO BUONARROTI
(1475–1564)

30-Sekunden-Kunst

„Es ist in der Tat ein Wunder, dass ein formloser Steinklotz mit einer solchen Perfektion geformt wurde, wie es die Natur selbst kaum in Fleisch schaffen kann." Diese Worte aus Vasaris Biografie von Michelangelo drücken die Ehrfurcht aus, die den Betrachter dieses frühen Meisterwerks ergreift. Michelangelo schuf diese außergewöhnlichen Gestalten im Alter von 23 Jahren aus einem einzigen Marmorblock aus dem Steinbruch von Carrara. Maria hält Christus' Körper auf ihrem Schoß, der linke Arm ist ausgestreckt und die Handflächen sind nach oben gedreht, als wenn sie uns sein Opfer bringen würde. Die andere Hand drückt sie auf die Wunde in seiner Seite. Ihr Blick ist gelassen, was bei Darstellungen der Beweinung nicht üblich ist. Die Schönheit ihres jungen Körpers steht im Kontrast zu ihrer Monumentalität, die durch die schweren Gewänder auf Büste und Beinen betont wird. Christus hat die Schmerzen der Passion hinter sich gelassen, sein Körper liegt schwer in Marias Armen, sein Kopf ist zurückgeworfen. Es sind kaum Zeichen der Gewalt zu sehen, die seinem Körper zugefügt wurden. Sein idealisierter Körper zeigt nicht die Starrheit traditioneller Abbildungen der *Pietà*. Stattdessen geht es Michelangelo um die Schönheit und Harmonie des klassischen nackten Körpers. Die Darstellung der Beweinung in der Tradition niederländischer Kunst zeigt meistens eine theatralische und grausame Szene. Michelangelos Version ist viel verhaltener und intimer und deshalb ergreifender.

3-SEKUNDEN-SKIZZE
Der unglaubliche Realismus von Michelangelos *Pietà* ist beispiellos und in der westlichen Bildhauerei einzigartig. In ihm kommen alle Gefühle von Trauer zum Ausdruck, die Maria selber nicht ausdrücken kann.

3-MINUTEN-INFO
Die *Pietà* wurde 1497 von Kardinal Jean de Bilhères-Lagraulas für seine Grabkapelle *Santa Petronilla* in der alten Basilika von St. Peter in Auftrag gegeben. Nach dem Abriss der alten Basilika und dem Neubau des Sankt Petersdoms stand sie an verschiedenen Orten, bevor sie in der ersten Kapelle nach dem Eingang aufgestellt wurde.

DETAILS
Marmor, 1498–1499
174 x 195 cm
Sankt Petersdom
Vatikan, Rom

3-SEKUNDEN-BIOGRAFIE
JEAN DE BILHÈRES-LAGRAULAS
ca. 1439–1499
Französischer Bischof und Kardinal, ab 1490 Botschafter von König Charles VIII am päpstlichen Hof.

30-SEKUNDEN-TEXT
Simona Di Nepi

Michelangelo signierte sein Werk auf einer Schleife über Marias Brust: „Michelangelus Bonarotus Florentinus Faciebat".

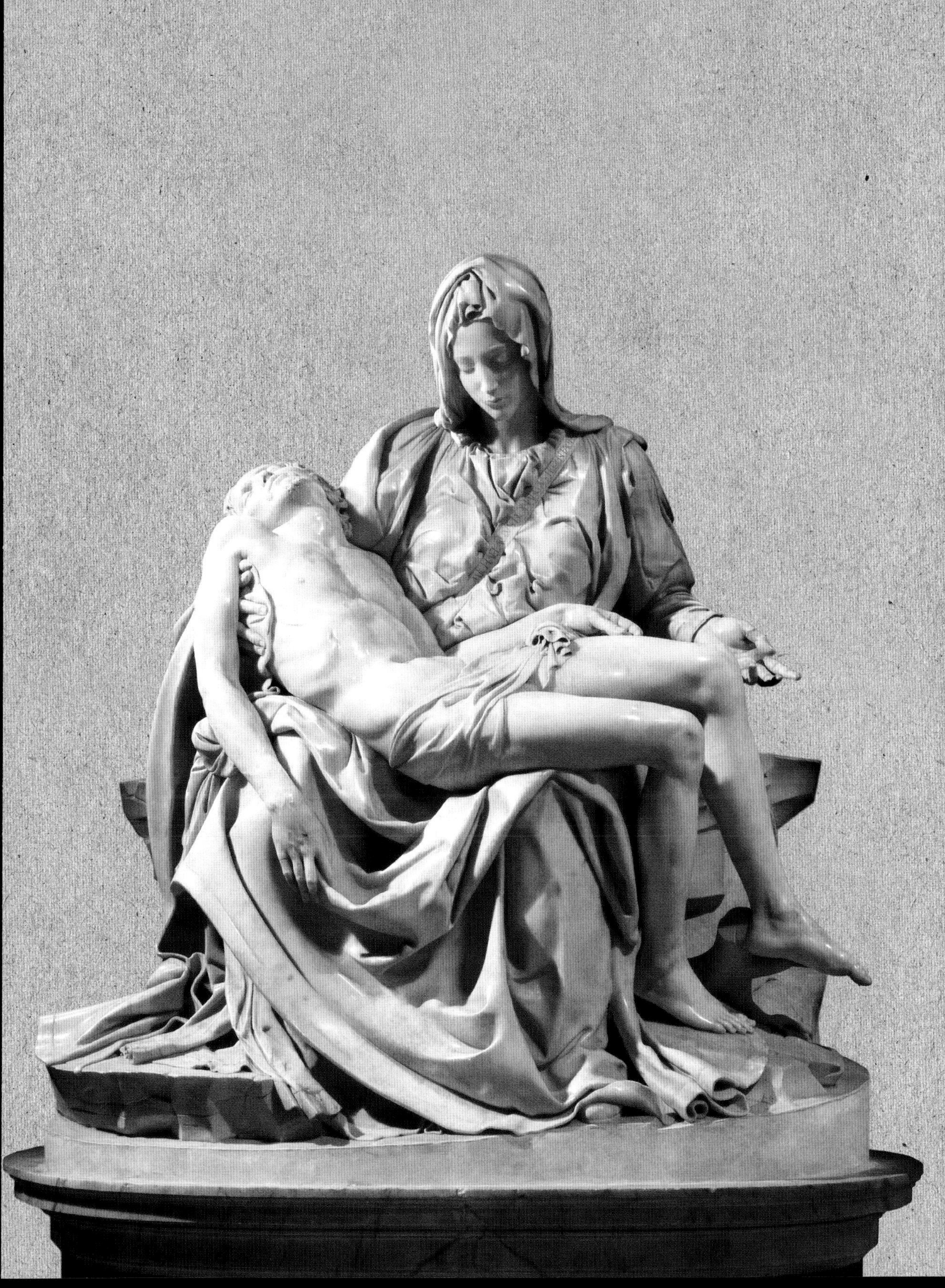

SELBSTPORTRÄT

ALBRECHT DÜRER (1471–1528)

30-Sekunden-Kunst

Dürer besuchte 1495 Norditalien, um dort die Ideen der Renaissance kennenzulernen. Dort beeinflussten ihn nicht nur der neue Stil der Malerei, sondern auch das humanistische Konzept des Künstlers als kreatives Individuum (und nicht nur als Handwerker). Auf seinem Porträt blickt Dürer den Betrachter frontal an. Die Komposition erlaubt keine Ablenkung, der schwarze Hintergrund betont sein formatfüllendes Bildnis. Dürer lenkt die Aufmerksamkeit auf seine Augen, indem er sie mit seinem Monogramm und einer Inschrift umrandet, und auf seine rechte Hand (also die Malhand), die er in der Mitte seines Körpers abbildet. So betont er sowohl seine Ideen als auch sein technisches Können als die Komponenten seines künstlerischen Genies. Diese frontale Pose ist sehr ungewöhnlich für Porträts aus dieser Zeit, wo die Dreiviertelansicht, die mehr Bewegung und Dreidimensionalität suggeriert, bevorzugt wurde. Obwohl das Bildformat an die Symmetrie und Größe von Jesus-Abbildungen erinnert, ist es sehr unwahrscheinlich, dass Dürer eine derartige Anspielung machen wollte. Das Bild wurde auch nie als Blasphemie verstanden, sondern eher als Referenz an die kreative Kraft des Künstlers. Die lateinische Inschrift bedeutet: „Ich, Albrecht Dürer aus Nürnberg, habe mich im Alter von 28 Jahren selbst in realistischen Farben gemalt."

3-SEKUNDEN-SKIZZE

In diesem fast provokativen Selbstporträt, das an Christus-Darstellungen erinnert, bildet sich Dürer als gefeierter Künstler ab.

3-MINUTEN-INFO

Um 1500 war Albrecht Dürer durch seine grafischen Werke bereits international bekannt. Zwei Jahre eher hatte er eine Serie von Holzschnitten mit Szenen aus dem Buch der Apokalypse veröffentlicht. Auch als Porträtmaler wichtiger Auftraggeber war er in Deutschland sehr gefragt. In diesem Selbstporträt (seinem dritten) feiert er seinen Status als berühmter Künstler auf dem Höhepunkt seines Könnens.

DETAILS

Ölfarbe auf Holzpaneel, 1500
67 x 49 cm
Alte Pinakothek, München

3-SEKUNDEN-BIOGRAFIE

KAISER MAXIMILIAN I.
1459–1519

Breitete die Macht der Habsburger über ganz Europa aus. Ließ sich von Dürer porträtieren, um seine Macht als Kaiser des Heiligen Römischen Reichs zu demonstrieren. Am bekanntesten wurde der monumentale Holzschnitt *Ehrenpforte Kaiser Maximilians* (1515).

30-SEKUNDEN-TEXT

Elena Greer

Die Inschrift mit der Altersangabe ist bedeutsam, da im mittelalterlichen Denken mit 28 Jahren der Übergang von der Jugend zur Reife stattfand.

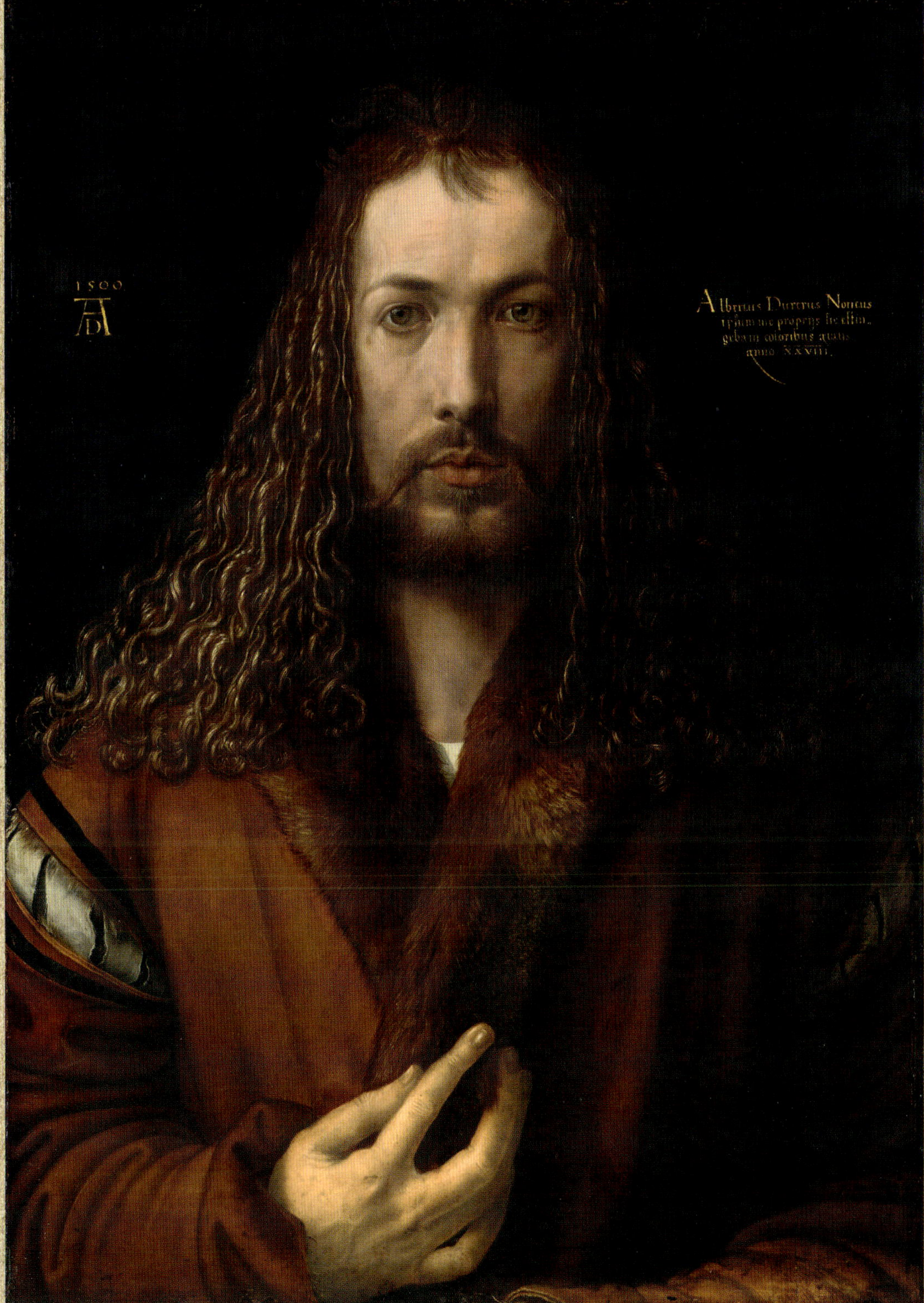
1500
AD
Albertus Durerus Noricus
ipsum me propriis sic effin-
gebam coloribus aetatis
anno XXVIII.

DER GARTEN DER LÜSTE

HIERONYMUS BOSCH (1450–1516)

30-Sekunden-Kunst

Über das Thema dieses Gemäldes grübeln die Betrachter seit dem Tag, als es zum ersten Mal ausgestellt wurde. Sein heutiger Titel stammt aus dem 19. Jahrhundert und bezieht sich auf die dargestellten sinnlichen Vergnügungen. Hunderte von nackten Männern und Frauen essen reifes Obst, spielen im Wasser oder frönen der Liebe. Fast jeder Aspekt der Abbildung ist surreal: So erscheinen zum Beispiel die viel zu groß dargestellten Beeren, Vögel und Fische sowohl im Wasser als auch außerhalb. Bären, Rinder und andere Phantasietiere sind gezähmt und werden wie Pferde geritten. Ein Paar umarmt sich in einer durchscheinenden organischen Hülle, die an die bizarren gemüseartigen Gebilde im Hintergrund erinnert. Diese Szene wurde als Anklage gegen die lustvollen Sünden der Menschheit interpretiert, vor allem weil das unmittelbar angrenzende rechte Paneel eine Höllenvision enthält, wo die Bestrafungen ganz auf die individuellen Sünden zugeschnitten sind. Das linke Paneel zeigt Gott, der Eva im Paradies Adam vorstellt – also den Moment vor dem Sündenfall, der hier durch Gestalten dargestellt wird, die rote Äpfel pflücken und essen. Dies ist jedoch nur eine von vielen plausiblen Interpretationen, denn es ist auch gut vorstellbar, dass das Gemälde nur als eine Art Rätselfrage ohne definitive Bedeutung gemeint war, das seinen höfischen Auftraggeber visuell und intellektuell unterhalten sollte.

3-SEKUNDEN-SKIZZE

Boschs bizarre Vision einer spielenden Menschheit wurde in verschiedenster Weise interpretiert, aber keine Interpretation konnte völlig überzeugen. Dennoch fasziniert das Gemälde die Betrachter.

3-MINUTEN-INFO

Eine der wenigen bekannten Tatsachen über dieses Gemälde ist die, dass es vom Herzog von Nassau für seinen Palast in Coudenberg bei Brüssel in Auftrag gegeben wurde. Die aufklappbaren Paneele an beiden Seiten bedecken die zentrale Darstellung wie Schranktüren, die Bosch mit düsterer Grisaille – Abbildungen der Erde zur Zeit der Schöpfung – bemalte. Hiermit sollte vielleicht der dramatische Effekt erhöht werden, wenn sich beim Öffnen der Paneele die kontrastierende exotische und farbenfrohe Szene offenbarte.

DETAILS

Ölfarbe auf Eichenholz, 1490–1500

220 x 195 cm

Museo del Prado, Madrid

3-SEKUNDEN-BIOGRAFIE

ENGELBERT II. VON NASSAU

1451–1504

Entstammte einer bekannten Soldatenfamilie am burgundischen Hof. Sammelte illustrierte Manuskripte und gab eine reich illustrierte Kopie des *Roman de la Rose* in Auftrag, eine mittelalterliche Schrift über höfische Liebe.

30-SEKUNDEN-TEXT

Elena Greer

Die Vielfalt an imaginären und komplexen Darstellungen, die immer wieder zu neuen Entdeckungen führt, macht Boschs Garten so faszinierend.

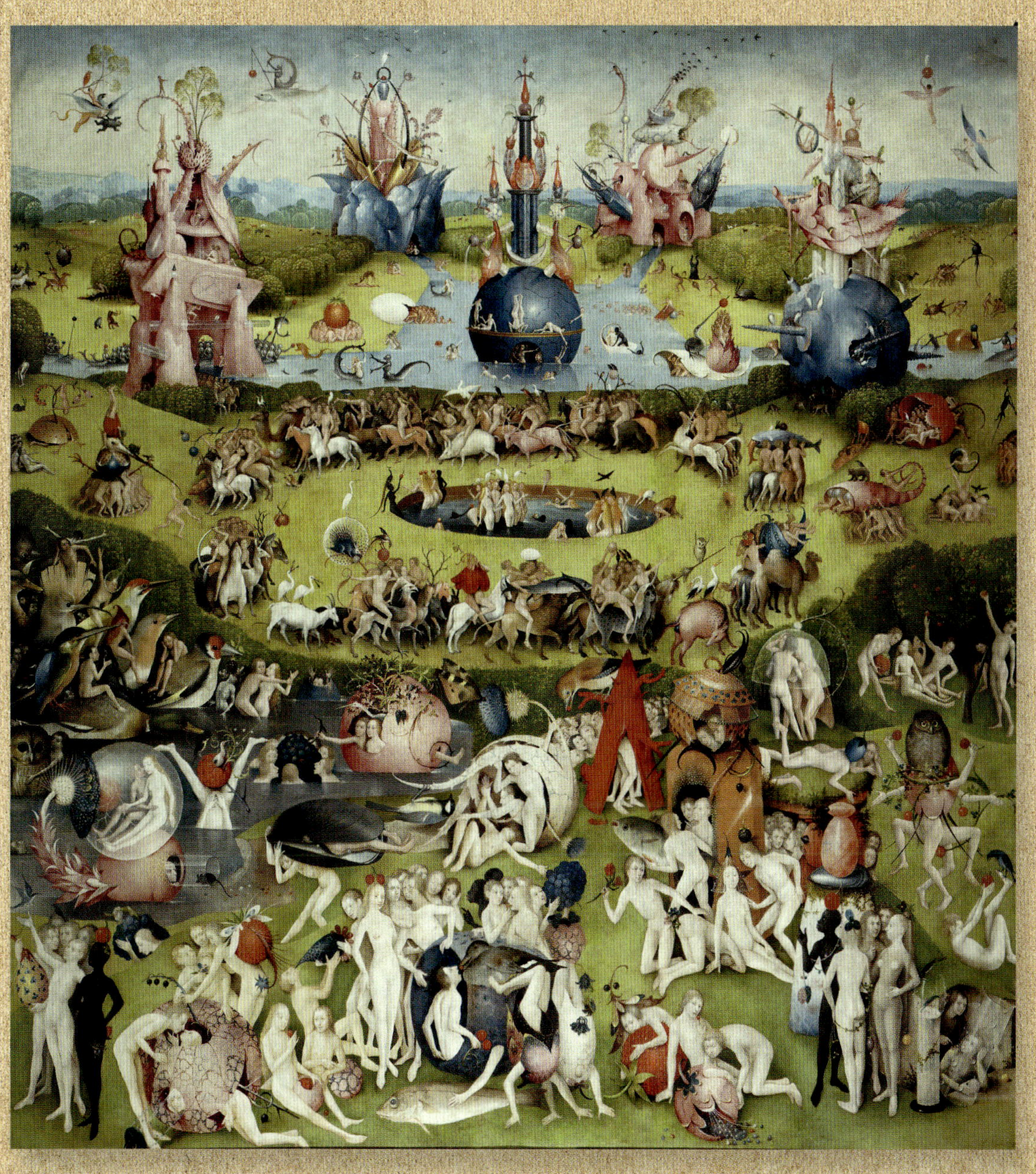

DIE SIXTINISCHE MADONNA
RAPHAEL (1483–1520)

30-Sekunden-Kunst

Dieses berühmte Altargemälde wurde von Papst Julius II. für die Kirche in Piacenza bestellt, die dem heiligen Sixtus gewidmet war, dem Schutzpatron seiner Familie. Das Bild wurde am zentralen Altar aufgestellt und zeigt eine himmlische Vision: Maria mit dem Jesuskind erscheint aus einer Wolke von Cherubim und bewegt sich in unsere Richtung. Diese Bewegung wird nicht nur von der sanften Kontrapost ihrer Füße, sondern auch von den Falten ihres Gewandes suggeriert. An Marias Seite knien der Heilige Sixtus und die heilige Barbara, eine Märtyrerin und Heilige aus dem dritten Jahrhundert. Über dem Geländer lehnen zwei *Putti*, die wohl bekanntesten Figuren Raffaels. Rafael schuf eine originelle Interpretation eines beliebten Themas, indem er die irdische Sphäre verlässt und die heilige Gruppe dem Betrachter so nah wie möglich bringt. Das Gefühl der Nähe wird auch durch die Geste des heiligen Sixtus, den nach unten gerichteten Blick der heiligen Barbara und das offensichtliche Eindringen der *Putti* in unseren Raum verstärkt. Maria trägt die Gesichtszüge von Margherita Luti oder *La Fornarina*, der Bäckertochter und Geliebten Raffaels, die er auch in zwei anderen Porträts darstellte. Der heilige Sixtus erinnert an Julius II., dessen Familienwappen mit Eichenblättern und Eicheln die Robe und die Tiara des Heiligen schmückt. Die heilige Barbara könnte ein Bildnis von Giulia Orsini sein, der Nichte von Julius II.

3-SEKUNDEN-SKIZZE

Rafael erfindet hier ein bekanntes Thema neu und schafft eine direkte Beziehung zwischen den heiligen Figuren und den unter ihnen stehenden Anbetern.

3-MINUTEN-INFO

Dieses Altarstück wurde möglicherweise zum Gedenken an Papst Julius II, dessen Mäzenatentum Rom zur Kunsthauptstadt Europas machte, gemalt. Seinen Aufträgen verdanken wir die Sixtinische Kapelle von Michelangelo, die Vatikanischen Gemächer von Raphael und die neue Basilika Sankt Peter. Der Papst selbst erlebte die Vollendung der Sixtinischen Madonna nicht mehr, was seine (wahrscheinliche) Abbildung als Sixtus und die Andeutung des Geländers als Teil seines Sarkophags noch eindringlicher macht.

DETAILS

Ölfarbe auf Leinwand, ca. 1513.
265 x 196 cm
Gemäldegalerie, Dresden

3-SEKUNDEN-BIOGRAFIE

HEILIGE BARBARA
gestorben ca.200 N. CHR.
Jungfräuliche Märtyrerin aus dem Nahen Osten, wurde wegen ihrer Bekehrung zum Christentum vom eigenen Vater in einem Turm eingeschlossen und später hingerichtet.

HEILIGER SIXTUS
ca. 200 n. Chr.
Papst zwischen 115 und 125 n. Chr. unter dem römischen Kaiser Hadrian. Sein Märtyrertum ist umstritten.

30-SEKUNDEN-TEXT

Simona Di Nepi

Die* Putti *wurden so oft als selbstständiger Ausschnitt aus dem Gemälde reproduziert, dass sie schließlich berühmter wurden als das Gemälde selbst.

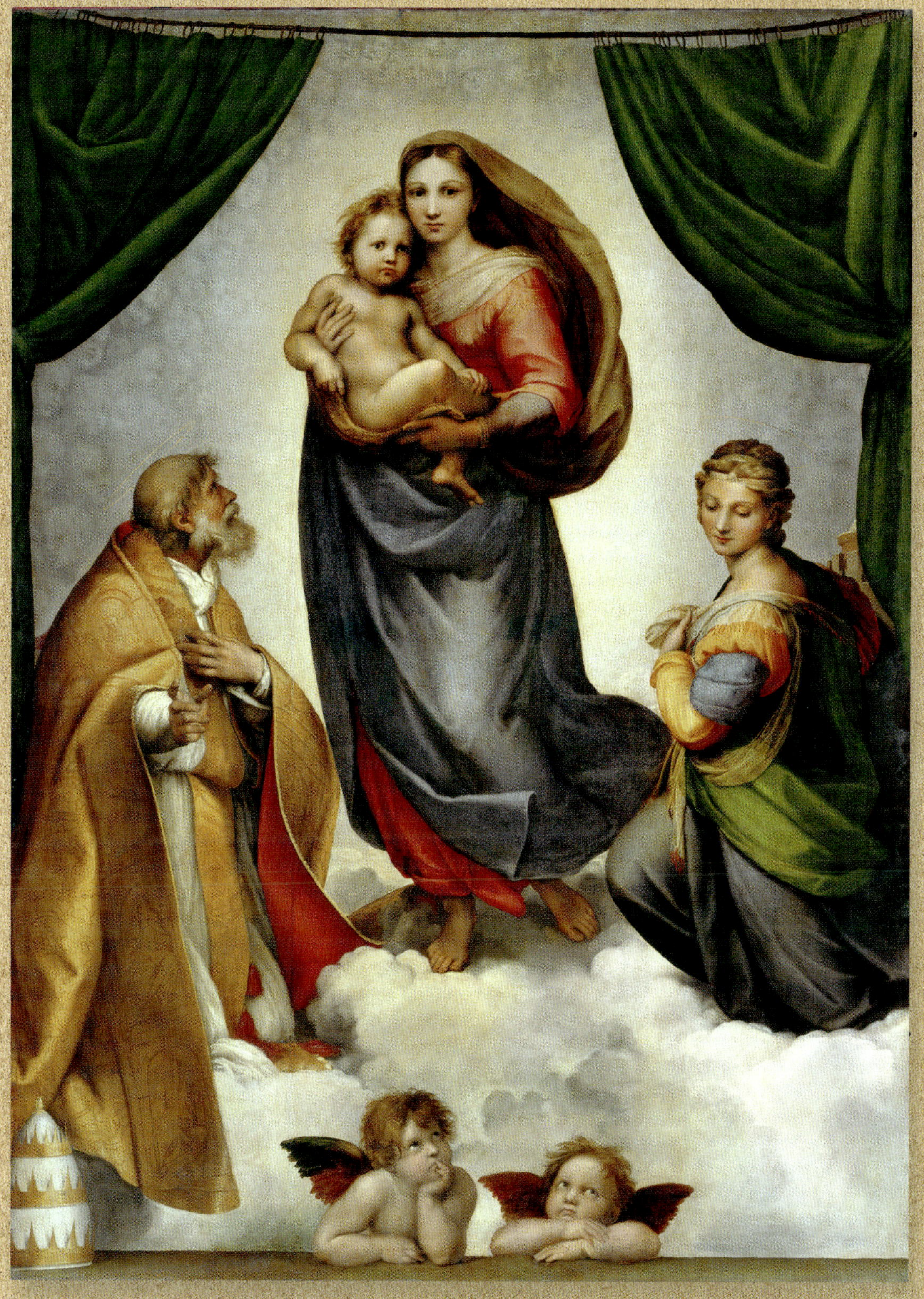

DIE GESANDTEN

HANS HOLBEIN DER JÜNGERE
(1497/98–1543)

30-Sekunden-Kunst

Der Marmorfußboden des Raumes, in dem diese zwei bedeutenden Persönlichkeiten dargestellt werden, zeigt das gleiche Muster wie der Fußboden der Westminster Abbey, wo im Juni 1533 – als dieses Gemälde entstand – Frankreichs Botschafter Jean de Dinteville der Krönung von Anne Boleyn, der zweiten Gattin Heinrich VIII., beiwohnte. Holbeins Genie in der detailgetreuen Darstellung von Strukturen zeigt sich am grünen Damast des Vorhangs, der schimmernden violetten Seide von Dintevilles Gewand, sowie den minutiös gemalten Teppichknoten. Auf dem Tisch werden astronomische, mathematische und musikalische Instrumente ausgestellt. Betrachtet man sie genauer, zeigen sich Dissonanzen: Eine Saite der Laute ist gerissen und das Arithmetikbuch ist beim Thema „Teilen" aufgeschlagen. Diese Hinweise wurden als Kommentar auf den Bruch Heinrichs mit der römisch-katholischen Kirche interpretiert. Das Attribut zwischen den Beinen der Männer zeigt sich bei näherer Betrachtung als Totenschädel. Renaissanceporträts wurden oft als Mahnung an die Vergänglichkeit des Lebens (*Memento mori*) in Auftrag gegeben, die Abbildung des Schädels und anderer Symbole ist deshalb nichts Ungewöhnliches. In gleicher Weise versteckt findet sich oben links am Bildrand ein Kruzifix, das auf die Hoffnung auf Erlösung durch den auferstandenen Christus hinweist.

3-SEKUNDEN-SKIZZE
Holbein porträtiert hier die Pracht der Besucher am Hof Heinrich VIII. Versteckte visuelle Andeutungen beziehen sich auf das angespannte politische und religiöse Klima während der Entstehung des Werkes.

3-MINUTEN-INFO
Dieses Doppelporträt stellt den französischen Botschafter am Hof Heinrich VIII., Jean de Dinteville und seinen Freund George de Selve, Bischof von Lavaur, dar. Die sorgfältig ausgewählten und minutiös wiedergegebenen Attribute zeigen nicht nur den Wohlstand und die geistigen Interessen der beiden Herren, sondern deuten auch ihre Position im Machtkampf zwischen Heinrich VIII. und dem Papst hin.

DETAILS
Ölfarbe auf Eichenpaneel, 1533
207 x 209,5 cm
The National Gallery, London

3-SEKUNDEN-BIOGRAFIE

JEAN DE DINTEVILLE
1504–1555
Einer der bedeutendsten Kunstmäzene im Frankreich des 16. Jahrhunderts. Dieses Gemälde war für sein Schloss in Polisy.

GEORGES DE SELVE
ca. 1508–1541
Bischof von Lavaur seit 1526 und Botschafter in Italien und Deutschland ab 1530.

30-SEKUNDEN-TEXT
Elena Greer

Jean de Dinteville hält einen Köcher in der Hand, auf dem sein Alter auf lateinisch angegeben ist: „Aetatis 29".

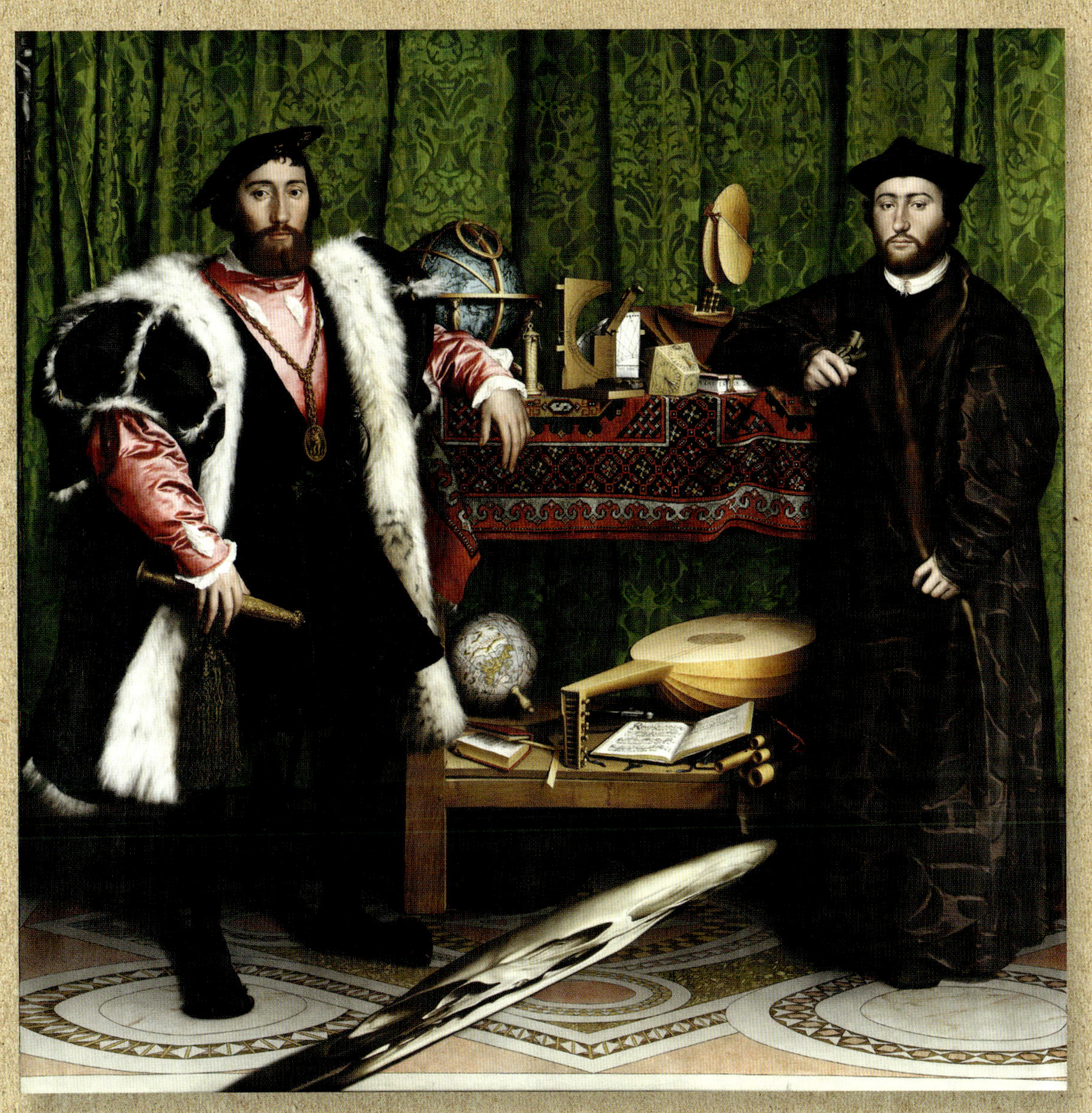

VENUS VON URBINO
TITIAN (1490–1576)

30-Sekunden-Kunst

Der erste Besitzer dieses Gemäldes, Guidobaldo II. della Rovere, bezeichnete die Frau auf diesem Bild als *la donna nuda* und suggerierte damit, dass das Bild eine idealisierte Schönheit nach venezianischer Tradition darstelle: bekleidete blondhaarige Kurtisanen mit heller Hautfarbe. Titians Kurtisane liegt jedoch nackt und ausgestreckt auf einem Bett, wobei sie ihre Scham mit ihrer linken Hand bedeckt. Titians Lehrer Giorgione hatte 1510 mit *Die Schlafende Venus* ein vergleichbares Gemälde geschaffen. Titans Nackte dagegen ist hellwach und schaut den Betrachter freimütig an. Sie ist sich ihrer Sexualität voll bewusst und die roten Rosen betonen ihre weiße Haut, die durch den tiefgrünen Vorhang noch zusätzlich betont wird. Tizians erster Biograf Vasari interpretierte dieses Gemälde als ein Bildnis der Göttin Venus. Angesichts der ungewöhnlich realistischen Abbildung der nackten Frau ist dies jedoch nicht wahrscheinlich. Die ganze Szene ist häuslicher Natur: Die Frauen im Hintergrund sind mit einer *cassone* beschäftigt, der traditionellen Truhe für die Aussteuer. Auch die runde Myrten-Pflanze bezieht sich auf die Ehe, und der Hund ist Symbol der Treue. Das Bild könnte sich auf Guidobaldos Hochzeit beziehen, oder wurde vielleicht nur zu seinem privaten Vergnügen geschaffen.

3-SEKUNDEN-SKIZZE
Mit diesem Porträt einer archetypischen Schönheit in ganzer Körperlänge malte Titian ein unnachahmliches Werk zu einem der bekanntesten Themen in der Kunst: die Nacktheit.

3-MINUTEN-INFO
Titian war bereits einer der führenden venezianischen Maler, als er dieses faszinierende erotische Bild weiblicher Schönheit schuf. Sein Gebrauch der Ölfarbe, mit der er subtilste Farbschattierungen wiedergeben konnte, eignete sich besonders für die Darstellung von Haut und weichen Materialien – und brachte ihm viele Aufträge königlicher und aristokratischer Auftraggeber. Außer seinen Porträts war Titian dafür berühmt, klassische Gedichte und Mythologie in visuell packenden Bilder darzustellen.

DETAILS
Ölfarbe auf Leinwand, 1538
119 x 165 cm
Galerie degli Uffizi, Florenz

3-SEKUNDEN-BIOGRAFIE
GUIDOBALDO II. DELLA ROVERE
1514–1574
Der Herzog von Urbino war einer der wichtigsten Auftraggeber Titians. Als Kommandant von Venedig kämpfte er 1559 gegen die Ottomanen.

30-SEKUNDEN-TEXT
Elena Greer

Die Haltung der Frau erinnert an die* Venus pudica *antiker Statuen.

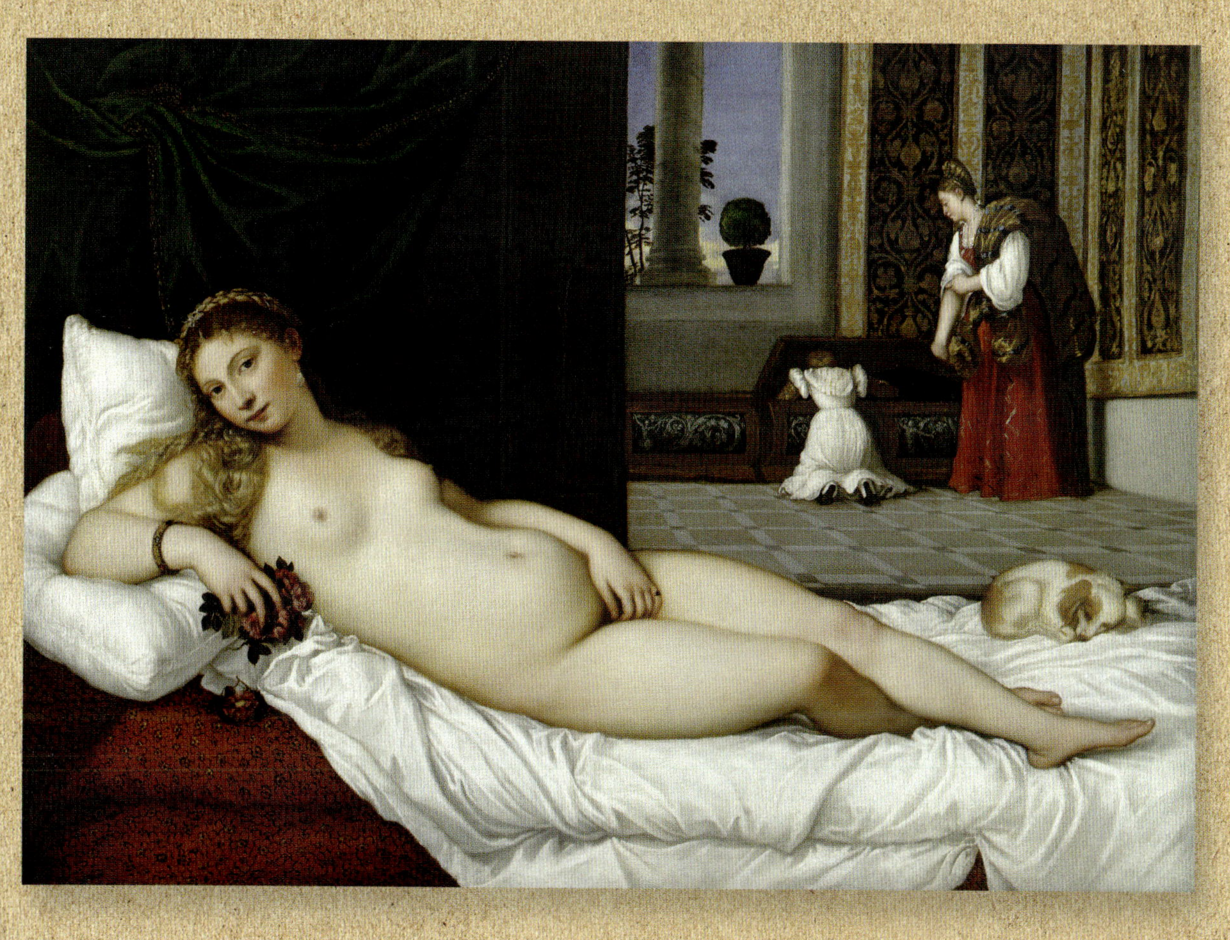

1511
Wird am 30. Juli in Arezzo, Toskana geboren.

1524
Auf Einladung von Kardinal Silvio Passerini zieht Vasari nach Florenz, um dort zu studieren und seine künstlerische Ausbildung fortzusetzen.

1532
Tritt in den Dienst von Kardinal Ippolito de' Medici in Rom.

1535
Nach dem Tod von Ippolito de' Medici wird Alessandro de' Medici Vasaris wichtigster Mäzen. Vasari vertieft sich in Architektur.

1546
Freskiert den Sala di Cento Giorni in der Cancelleria in Rom im Auftrag von Kardinal Farnese.

1550
Veröffentlicht *Le Vite*.

1555
Nach der Rückkehr nach Florenz gestaltet er den Umbau und die Freskierung des Palazzio Vecchio für Cosimo de' Medici.

1558
Schreibt die *Ragionamenti*, die Anleitung zur Freskierung des Palazzio Vecchi.

1560
Beginnt den Entwurf der Uffizien in Florenz.

1568
Veröffentlicht die zweite Ausgabe der *Le Vite*.

1571
Beteiligt sich an der Dekoration des Sala Regia im Vatikan für Papst Pius V.

1574
Stirbt am 27. Juni in Florenz.

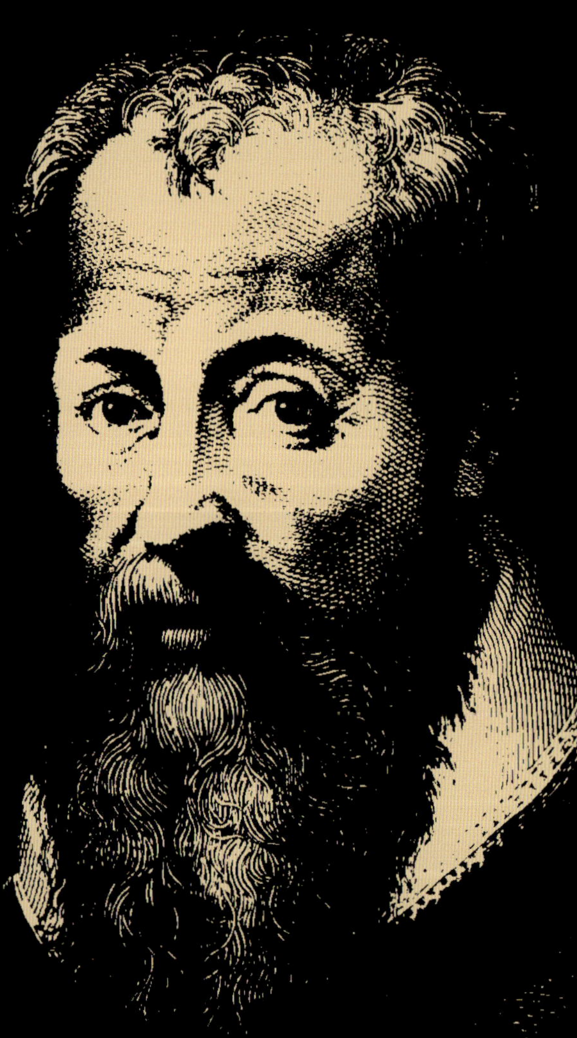

GIORGIO VASARI

Trotz einiger großer Gemälde, die er für bedeutende Auftraggeber malte, verdankt Vasari seine Berühmtheit vor allem der dreibändigen Biografie *Das Leben der besten Architekten, Maler und Bildhauer*. Dieses Werk enthält anekdotische Biografien italienischer Künstler vom 13. bis zum 16. Jahrhundert. Es ist der erste kritische kunsthistorische Text, der diese Disziplin seit der Veröffentlichung im Jahre 1550 stark beeinflusst hat.

Von jung an wurde Vasari in Latein, klassischer Literatur und Mythologie unterrichtet und erregte damit die Aufmerksamkeit von Kardinal Silvio Passerini, der ihn bei der Durchreise durch Arezzo in der Toskana kennenlernte. Auf Wunsch von Passerini kam Vasali 1527 nach Florenz, wo er gemeinsam mit vielen anderen berühmten Malern ausgebildet wurde: Michelangelo, Andrea del Sarto und Baccio Bandinelli.

In den Jahren nach 1530 hatte Vasari zwei Auftraggeber aus dem Hause Medici: Kardinal Ippolito de' Medici und Alessandro de' Medici. Nach dem Tod Alessandroys reiste Vasari nach Rom und Venedig, bis er sich schließlich 1554 wieder in den Dienst der Medici nach Florenz begab.

Vasaris Effizienz, Schnelligkeit und sein Organisationstalent machten ihn zum idealen Organisator für große dekorative Projekte. In den Jahren nach 1550 führten die guten Beziehungen zu den Medici zum Auftrag, den Palazzio Vecchio in Florenz für Herzog Cosimo I. umzubauen. 1560 begann er – ebenfalls im Auftrag Cosimos – mit dem Entwurf der Uffizien, der jetzigen Gemäldegalerie von Florenz, damals Gebäudekomplex für die Magistraten und Stadtverwaltung.

Vasari wurde 1546 von seinem Stipendiaten Paolo Giovio während eines Essens mit Papst Paul III. 1546 zum Schreiben der Biografien angeregt. Das Werk ist chronologisch angeordnet und beginnt mit Cimabue, einem Maler aus dem 13. Jahrhundert. Vasari lobt ihn und Giotto für die Befreiung der Malkunst aus dem „gotischen“ Stil. Die farbenfrohen anekdotischen Biografien sind für Vasari zugleich das Vehikel, um die Entwicklung der Kunst und die Ideen der Renaissance – *la rinascita* – darzustellen. Die erweiterte Ausgabe von 1568 war sofort ein Bestseller, und Vasaris Beschreibung vor allem der Entwicklung der Kunst und der Bedeutung der Hochrenaissance-Triade von Leonardo, Michelangelo und Rafael, ist bis heute wertvoll.

Elena Greer

VON BAROCK BIS ROKOKO

VON BAROCK BIS ROKOKO
GLOSSAR

Allegorie Symbolische Gestalten oder Objekte in einem Kunstwerk, die eine moralische, politische oder philosophische Bedeutung haben.

Antiquar Person, die durch das Studium alter Objekte, Artefakte, Manuskripte und Gebäude viel historisches Wissen erworben hat.

Bildersturm Die Zerstörung von Malereien, Statuen und anderen Kunstwerken aus religiösen oder politischen Gründen.

Bodegón Stillleben in der spanischen Malerei, das Gegenstände, wie einfache Gefäße, Obst oder totes Wild meist in der nüchternen Umgebung einer Taverne oder Küche darstellt, manchmal in Anwesenheit einer menschlichen Gestalt.

Chiaroscuro „Hell-dunkel" (italienisch). Gemeint ist das Schaffen von Form in Zeichnungen und Gemälden durch subtile Abstufungen und Licht und Schatten-Kontraste, wie zum Beispiel im Werk Caravaggios.

Danse macabre Der *Totentanz* ist ein mittelalterliches allegorisches Thema, das die Unvermeidlichkeit und Universalität des Todes symbolisiert. Meist wird eine Prozession oder ein Tanz durch zum Beispiel Skelette dargestellt, die menschliche Gestalten zum Grab begleiten. Der Todestanz beinhaltet auch oft Kritik an der Eitelkeit irdischen Besitzes oder weltlicher Errungenschaften.

Genremalerei Gemälde mit – oft leicht sentimentalisch – dargestellten Szenen aus dem Alltagsleben. Die Genremalerei mit ihren Gaststuben, Straßenszenen und häuslichen Interieurs war in der niederländischen Kunst des 17. Jahrhunderts sehr beliebt.

Gilde Im Mittelalter entstandene Organisationen von Künstlern oder Handwerkern, die die Standards und die Ausbildung im jeweiligen Handwerk bestimmten. Auf sie ist die hierarchische Struktur von Lehrlingen, Gesellen und Meistern zurückzuführen. Die Gilden verfügten meist auch über spezielle Privilegien zur Vergabe von Arbeit innerhalb einer Stadt.

Historienmalerei Oft großformatige Gemälde mit biblischen oder klassisch mythologischen Szenen. Ab dem 17. Jahrhundert wurde diese Form der Malerei von den europäischen Akademien stark bevorzugt.

Humanismus Philosophie, die den Menschen und seine Handlungen – im Gegensatz zu göttlichen oder übernatürlichen Kräften – in den Mittelpunkt stellte.

Impasto Farbstruktur auf einer Leinwand oder einem Paneel. Wird zum Beispiel Farbe mit mehr Impasto aufgetragen, bleiben sichtbare Abdrücke der Pinselstriche zurück und es entsteht eine gewisse gestische Ausdrucksform.

Kanon Nach allgemeinem Konsens als beispielhaft für den Stil einer jeweiligen Epoche anerkannte Kunstwerke. In neuerer Zeit stellen Kritiker und Theoretiker die politische Rechtfertigung des traditionellen Kanons der westlichen Kunst oft in Frage.

Kurtisane Kultivierte, repräsentative Maitresse für Herren aus der obersten Schicht oder am Hof.

Lasur Der Auftrag einer dünnen transparenten Farbschicht auf eine andersfarbige Schicht, so dass die untere Farbschicht hindurchscheint.

Malstock Langer Stab mit gepolstertem Ende, den der Maler in der nicht pinselführenden Hand hielt oder auf den Rahmen der Leinwand legte, um den Mal-Arm zu stützen und quasi zu verlängern.

Manierismus Malstil aus dem 16. Jahrhundert. Mit ihren komplexen und ausgeklügelten Kompositionen lehnten diese Künstler das Ideal der Balance und Harmonie der Hochrenaissance ab und betonten an deren Stelle Asymmetrie und extreme Anordnungen menschlicher Gestalten.

Model Person, die zum Zweck der Abbildung in einer Malerei, Zeichnung oder als Skulptur verschiedene Posen für einen Künstler annimmt.

DIE BERUFUNG DES MATTHÄUS

CARAVAGGIO (1571–1610)

30-Sekunden-Kunst

Carravaggio traf im Jahre 1592 bettelarm und fast unbekannt in Rom ein. Innerhalb von zehn Jahren hatte er aber eine völlig neue Form religiöser Malerei entwickelt, die beim Kunstestablishment gleichermaßen zu Lobeshymnen wie zu Ratlosigkeit führte. Wo frühere Künstler religiöse Gestalten als blutlose, übermenschliche Figuren darstellten, machte Caravaggio daraus Personen aus Fleisch und Blut. Als Vorbilder dienten ihm Modelle, deren Gesten und Gesichtsausdrücke die Bibel zum Leben zu erwecken schienen. Dieses Bild zeigt den neuen Stil der Berufung des Matthäus aus dem Neuen Testament (Matthäus 9,9). Der Steuereintreiber Matthäus hatte viel Reichtum angehäuft, als ihn Jesus aufforderte, sein Leben zu ändern und einer seiner Apostel zu werden. Caravaggio stellt diese Begegnung in einer düsteren Atmosphäre dar und verwendet Chiaroscura Effekte, um die Aufmerksamkeit auf die Hauptgestalten zu lenken. Kopf und Hand Jesu tauchen dramatisch rechts aus dem Dunkeln auf und unterstreichen sein plötzliches Erscheinen. Matthäus, dessen bärtiges Gesicht durch einen Lichtstrahl hervorgehoben wird, zeigt fragend auf sich selbst und kann nicht glauben, dass der Ruf ihm gilt. Er hält noch immer eine Münze zwischen Daumen und Zeigefinger, aber sein rechter Fuß hebt sich schon vom Fußboden und zeigt seine Bereitschaft an, Jesus zu folgen.

3-SEKUNDEN-SKIZZE

Diese neuartige Darstellung einer Geschichte aus dem Neuen Testament zeigt Matthäus, den Steuereintreiber, der dem Ruf Jesu folgte und einer seiner Apostel wurde.

3-MINUTEN-INFO

Matthieu Cointerel – oder in Italien Matteo Contarelli – verfügte in seinem letzten Willen, dass eine der Kapellen der französischen Kirche San Luigi di Francesi mit Szenen aus dem Leben seines Namensheiligen Matthäus zu dekorieren sei. Caravaggios *Berufung und Martyrium des heiligen Mattheus* wurde im Juli 1600 in der Kapelle angebracht. Diese ersten öffentlichen Aufträge des Künstlers trugen sehr zu seiner Berühmtheit bei.

DETAILS

Ölfarbe auf Leinwand, ca. 1599–1600

322 x 340 cm

Cotarelli-Kapelle, San Luigi di Francesi, Rom

3-SEKUNDEN-BIOGRAFIE

MATTHIEU COINTEREL

1519–1585

Hochrangiger Kardinal. Wurde nach seinem Tod beschuldigt, seine Stellung in der päpstlichen Verwaltung zu exzessiver eigener Bereicherung missbraucht zu haben.

30-SEKUNDEN-TEXT

Thomas Balfe

Ein ganz links im Bild positionierter junger Mann versteckt eine Münze im Schatten seiner Hand: ein Hinweis auf die Unehrlichkeit von Matthäus' Begleitern.

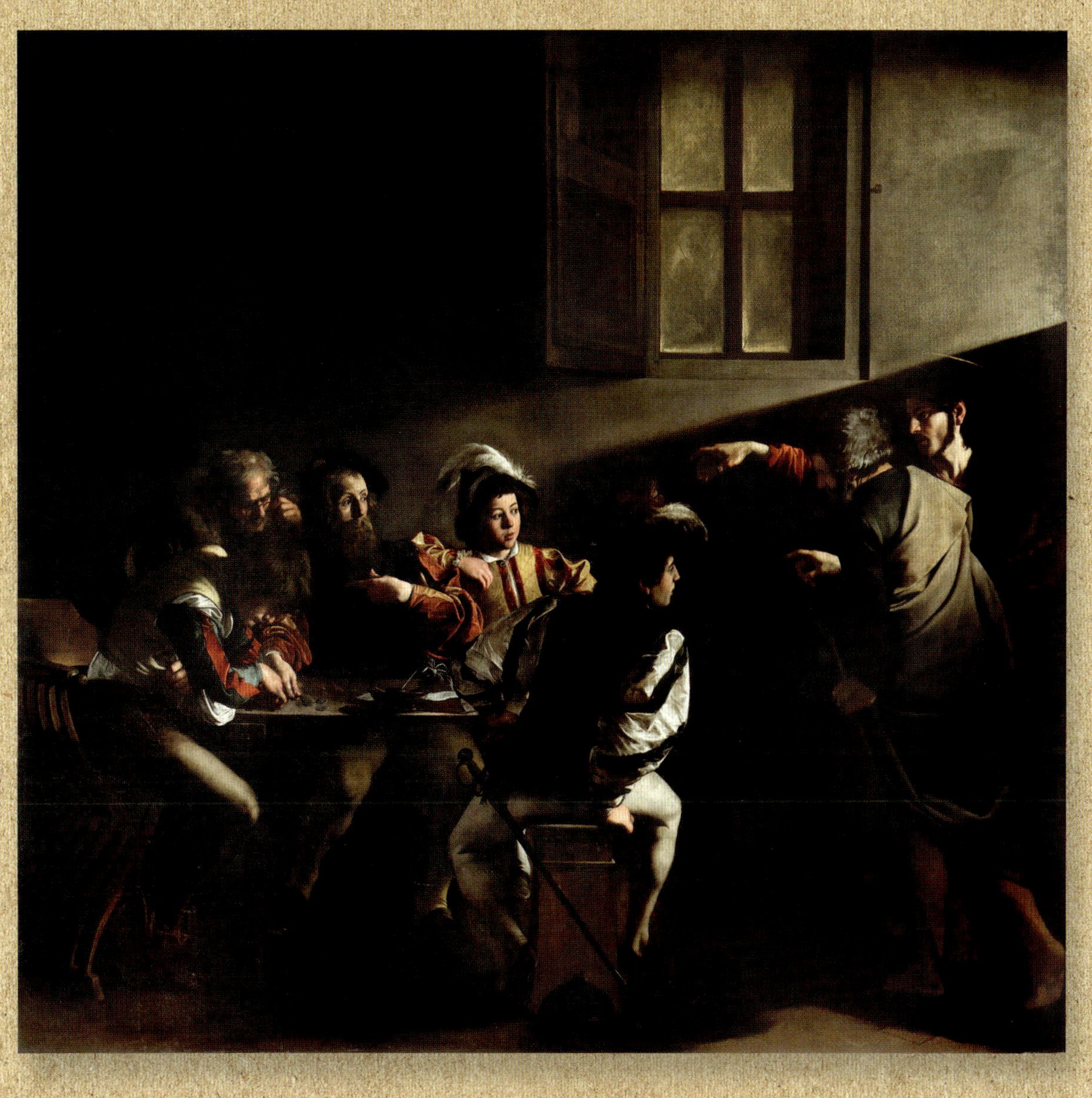

SUSANNA UND DIE ÄLTESTEN

ARTEMISIA GENTILESCHI (1593–1653)

30-Sekunden-Kunst

Artemisia wurde in einer römischen Künstlerfamilie geboren. Ihr Onkel, Bruder und Vater Orazio waren ebenfalls Maler. Thema dieses beeindruckenden Gemäldes, das sie mit 17 Jahren malte, ist die alttestamentarische Geschichte der schönen jüdischen Frau Susanna, die beim Baden von zwei älteren Männern beobachtet wurde. Die beiden drohten, sie wegen Prostitution anzuklagen, wenn sie ihnen nicht hörig sei. Als Susanna nicht nachgab, wurde sie tatsächlich zum Tode verurteilt, aber schließlich dadurch gerettet, dass die beiden Männer widersprüchliche Aussagen machten. Männliche Künstler erotisieren Susanna oft und stellen sie als eine aufreizende Schönheit dar. Gentileschi dagegen zeigt, wie Susanna vor Ekel zusammenzuckt, sich duckt und sich in einer dramatischen *Contrapposto* Pose wegdreht. Gentileschis Meisterschaft in der Darstellung dynamischer Körperbewegungen ist hier beeindruckend. Susannas Fuß ist noch immer im Wasser, was uns davon überzeugen soll, dass sie den Garten tatsächlich zum Baden besucht und nicht zum Ehebruch. Durch das vertikale Format des Gemäldes ragen die Älteren über sie hinaus wie eine einzige bedrohliche Kreatur. Der linke Mann scheint das Haar der beiden anderen Gestalten zu kraulen und hofft auf ein Schäferstündchen zu dritt.

3-SEKUNDEN-SKIZZE
In dieser weiblichen Interpretation der Geschichte von Susanna sehen wir eine standhafte Frau, die angezeigt wurde, weil sie sich dem Erpressungsversuch zweier wollüstiger älterer Männer widersetzt hatte.

3-MINUTEN-INFO
Gentileschi situiert das Drama in einem kompakten Raum ohne zusätzliche Details und stellt Susanna ohne Idealisierung dar: mit breiten Hüften und einem gerundeten Bauch. Dies erinnert an Caravaggio, der großen Einfluss auf Artemisia und ihren Vater Orazio hatte. Nachdem letzterer nach 1600 das Werk von Caravaggio kennengelernt hatte, wurden seine Gemälde realistischer. Orazio kannte Caravaggio offensichtlich persönlich: Die beiden Künstler wurden 1603 gemeinsam wegen Verleumdung verklagt.

DETAILS
Ölfarbe auf Leinwand, 1610
170 x 121 cm
Sammlung Schönborn, Pommersfelden

3-SEKUNDEN-BIOGRAFIE
ORAZIO GENTILESCHI
1563–1639
Artemisia wurde in ihrer Karriere schon früh von ihrem Vater unterstützt. In einem Brief aus 1612 prahlt er, seine Tochter (damals 19 Jahre alt) sei schon jetzt die größte lebende Künstlerin.

30-SEKUNDEN-TEXT
Thomas Balfe

Dieses Gemälde, das früheste mit Gentileschis Signatur, behandelt sehr gekonnt eine komplexe biblische Geschichte.

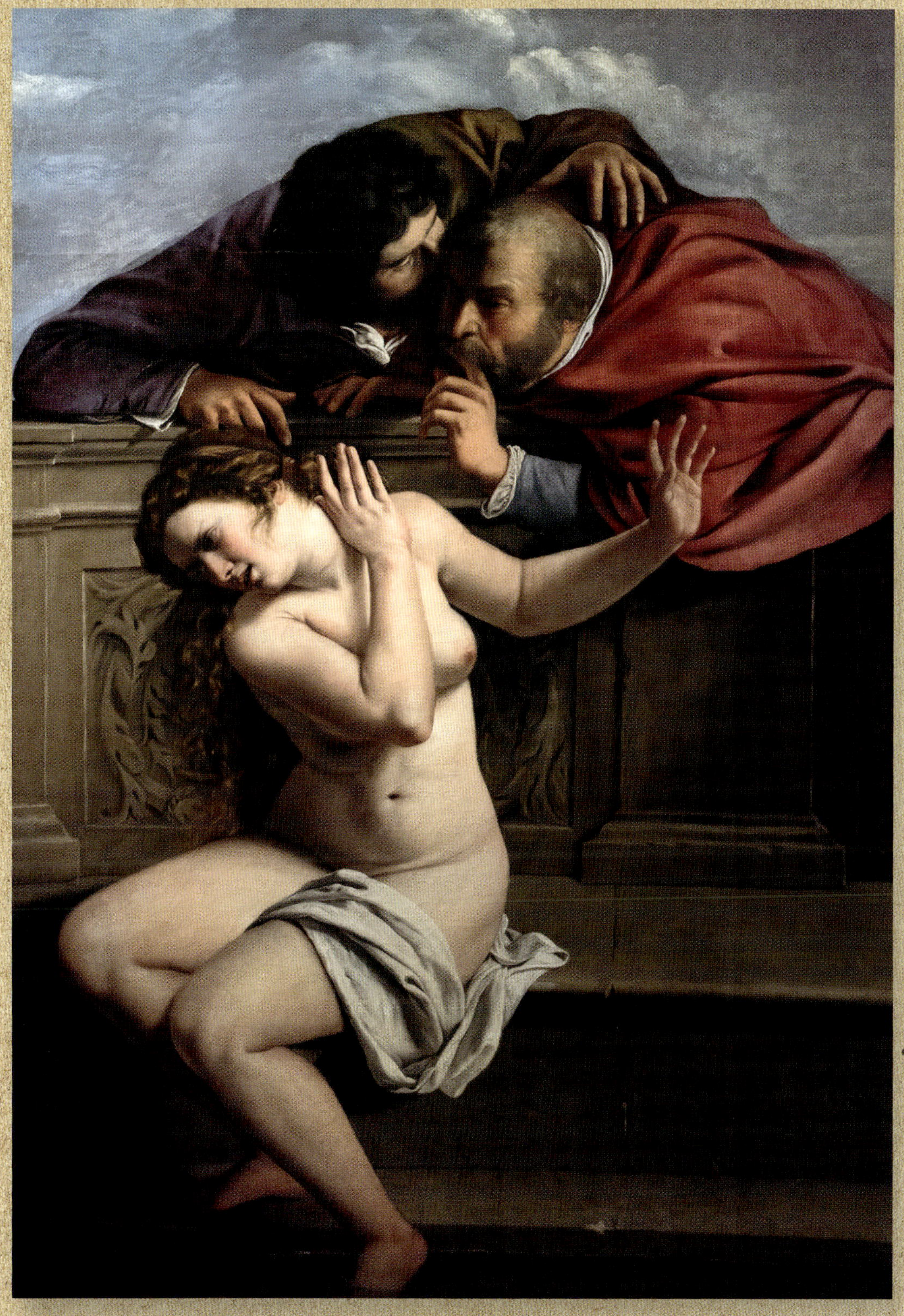

DAS PELZCHEN

PETER PAUL RUBENS (1577–1640)

30-Sekunden-Kunst

Peter Paul Rubens war der führende flämische Künstler seiner Generation. Er wurde katholisch erzogen und verbrachte den größten Teil seiner Jugend in Antwerpen, wo er sowohl in Latein, modernen Sprachen als auch in der Malerei unterrichtet wurde. Als junger Mann reiste er nach Italien und wurde dort stark von den klassischen Statuen und Gemälden Michelangelos und Tizians beeinflusst. 1608 kehrte Rubens nach Antwerpen zurück, um von seiner dortigen Werkstatt aus Porträts und historische, allegorische und religiöse Gemälde an einen internationalen Kundenkreis zu liefern. Dies brachte ihm Wohlstand und soziales Ansehen. 1630 heiratete Rubens Hélène Fourment, eine Kaufmannstochter, die ihm fünf Kinder schenkte. *Das Pelzchen* ist eine gewagte Darstellung von Hélène, die außer einem kurzen Pelz keine Kleidung trägt. Sie hat die Arme um den Körper geschlagen und erwidert verschämt unseren Blick, was die Aufmerksamkeit noch mehr auf ihren fast nackten Körper lenkt. Ihre sich selbst verhüllende Pose und der Brunnen hinter ihr erinnern an die klassischen Statuen der *Venus Pudica* (die Liebesgöttin Venus im Bad), und ihre Bekleidung erinnert an Gemälde von Kurtisanen im Pelz, die Rubens in Venedig gesehen haben mag. Das Gemälde mag etwas gewagt wirken, aber Hélènes gewölbter Leib und schwere Brüste – die einer stillenden Mutter – erinnern daran, dass Sexualität und Fortpflanzung im göttlich sanktionierten Status der Ehe legitim war.

3-SEKUNDEN-SKIZZE

In diesem Porträt vergleicht der Künstler seine Frau mit Venus und feiert sie als seinen legitimen sexuellen Partner und die Mutter seiner Kinder.

3-MINUTEN-INFO

Der Name *Het Pelsken* (der kleine Pelz) wurde diesem berühmten Gemälde offensichtlich zweimal gegeben. Zum ersten Mal 1640 im von Rubens und Hélène gemeinsam aufgestellten Testament, das zweite Mal von Hélène allein im Jahre 1658, also lange nach Rubens Tod. Ein Zusatz zu ihrem eigenen Testament von 1658 zeigt, dass sie sich überlegt hatte, das Werk ihrem zweiten Ehegatten zu hinterlassen, aber später offensichtlich ihre Meinung änderte.

DETAILS

Ölfarbe auf Holzpaneel, ca. 1635–1640

176 x 83 cm

Kunsthistorisches Museum, Wien

3-SEKUNDEN-BIOGRAFIE

HÉLÈNE FOURMENT

1614–1673

Tochter eines Antwerpener Seidenhändlers. Nach Rubens Tod heiratete sie einen erfolgreichen Beamten und Diplomaten.

30-SEKUNDEN-TEXT

Thomas Balfe

Rubens porträtierte seine zweite Frau Hélène in einer Pose nach Vorbild der badenden Venus.

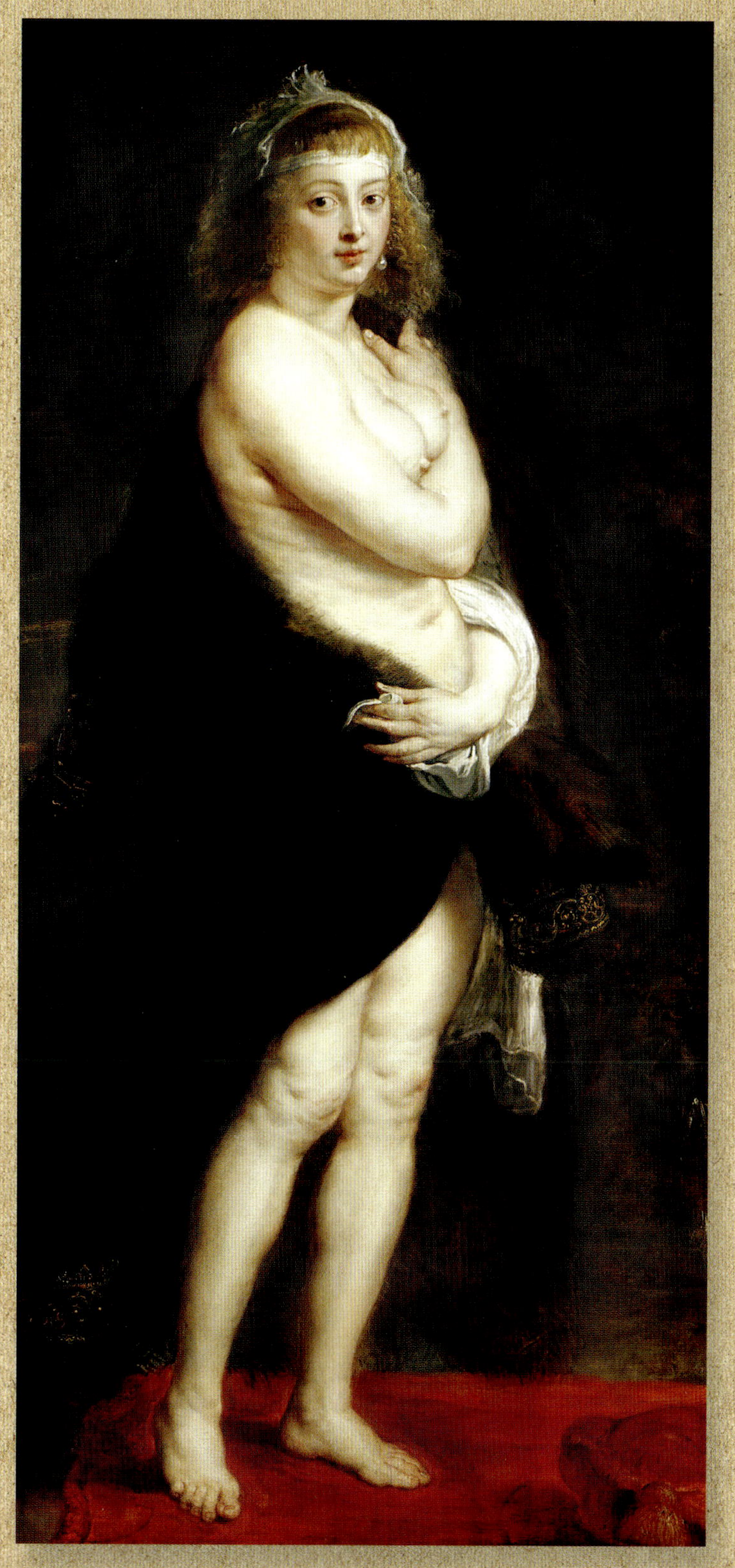

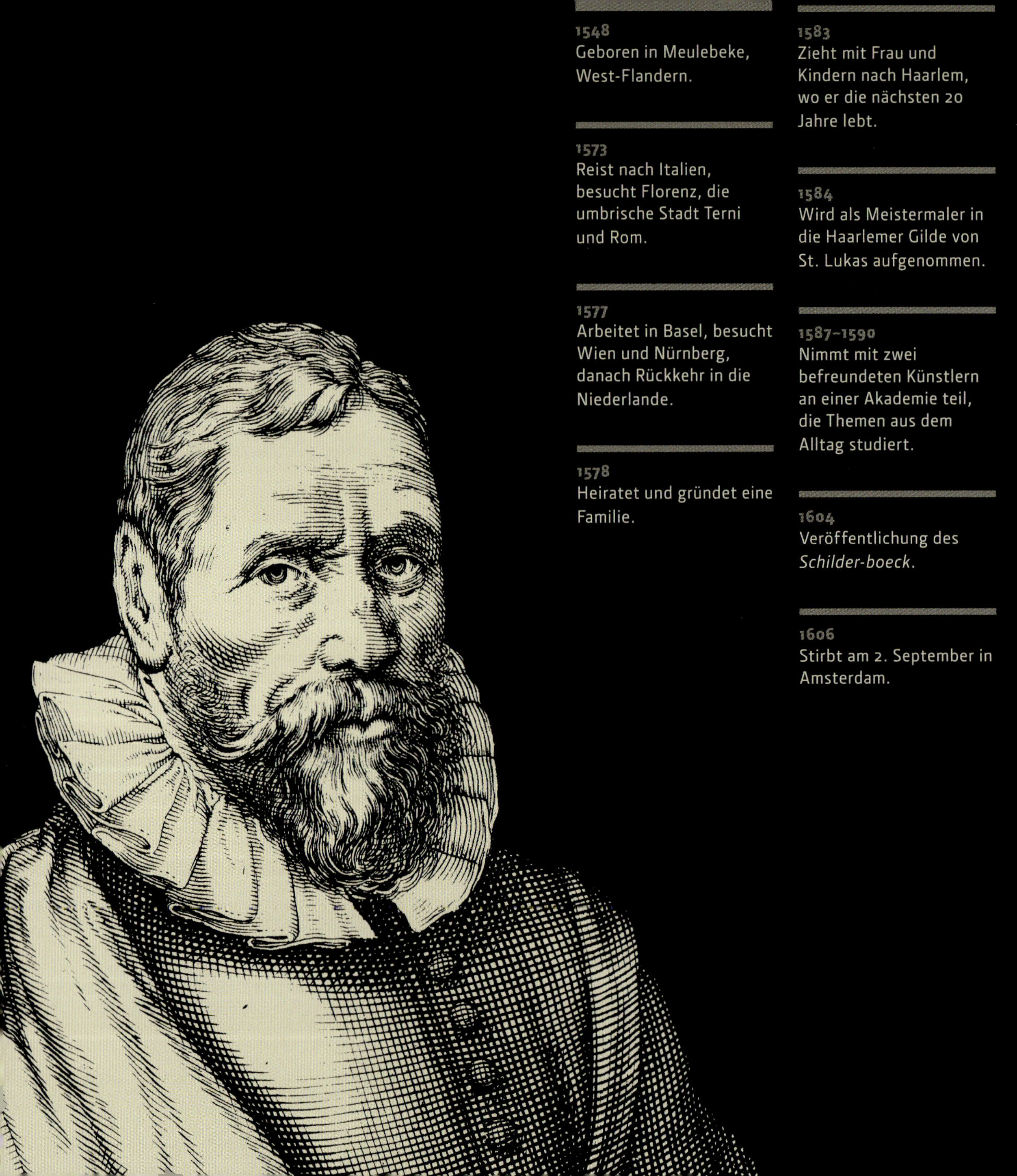

1548
Geboren in Meulebeke, West-Flandern.

1573
Reist nach Italien, besucht Florenz, die umbrische Stadt Terni und Rom.

1577
Arbeitet in Basel, besucht Wien und Nürnberg, danach Rückkehr in die Niederlande.

1578
Heiratet und gründet eine Familie.

1583
Zieht mit Frau und Kindern nach Haarlem, wo er die nächsten 20 Jahre lebt.

1584
Wird als Meistermaler in die Haarlemer Gilde von St. Lukas aufgenommen.

1587–1590
Nimmt mit zwei befreundeten Künstlern an einer Akademie teil, die Themen aus dem Alltag studiert.

1604
Veröffentlichung des *Schilder-boeck*.

1606
Stirbt am 2. September in Amsterdam.

KAREL VAN MANDER

Der in der flämischen Stadt Meulebeke geborene Karel van Mander ist heute vor allem bekannt für sein *Schilder-boeck* (Malerbuch), ein 1604 in niederländischer Sprache veröffentlichtes Buch über Kunst. Van Mander war ein weit gereister Kosmopolit und wollte mit diesem Werk einen neuen Kanon für die westeuropäische Malerei aufstellen. Dieser Kanon sollte sich von der – von ihm tief bewunderten – Renaissance- und manieristischen Tradition Italiens unterscheiden, aber genauso berühmt werden.

Der wichtigste Abschnitt des *Schilder-boeck* ist der so genannte *Grondt* (Grundlage), eine Abhandlung mit praktischen Ratschlägen für den beginnenden Maler, sowie Biografien über griechische, italienische, und nordeuropäische Künstler. Die Biografien über die nordeuropäischen Künstler sind das bleibende Erbe von van Mander. Sie wurden nach dem Vorbild von Vasaris' *Vite* (Leben) geschrieben und enthalten wichtige Informationen über Künstler und Sammler, sowie Beschreibungen von Kunstwerken, die im Bildersturm verloren gingen. Außerdem enthält der *Grondt* einen der detailliertesten Texte aus dem 17. Jahrhundert über das Handwerk der Malerei und van Mander behandelt hier als erster die Landschaftsmalerei. Die übrigen Biografien sind zum großen Teil aus anderen Quellen übersetzt, obwohl der Abschnitt über Italien auch Originalmaterial enthält, vor allem über das Werk Caravaggios.

Das meiste, was wir über van Mander wissen, entstammt der anonymen Biografie in der zweiten Auflage des *Schilder-boeck* (1618). Nach einer Maler- und Dichterlehre bei Lucas de Heere in Gent machte van Mander als Maler (und erfolgreicher Grafiker) und Schriftsteller Karriere. Er schrieb Gedichte, Schauspiele, Bücher über Kunst und übersetzte aus dem Griechischen, Lateinischen, Französischen und Italienischen. Während seiner Reise nach Italien im Jahr 1573 las van Mander Vasaris' *Vite*. Van Mander besuchte auch Basel, Wien und Nürnberg, bevor er 1577 nach Meulebeke zurückkehrte.

Im Zuge der spanischen Herrschaftsansprüche über die Niederlande nahm die Gewalt im Süden der Niederlande in den späten 1570er Jahren zu. 1583 flohen van Mander und seine Familie nach Haarlem, wo ihre religiösen Überzeugungen toleriert wurden und wo van Mander für den Rest seines Lebens als Maler arbeitete und schrieb.

Van Mander beendete sein *Schilder-boeck* 1604, kurz vor seinem Tod im Jahre 1606. Zu dieser Zeit wohnte er bereits in Amsterdam und war bei seinem Tod zwar arm, aber nicht vergessen: Mehr als 300 Trauergäste folgten seinem Sarg in die Oude Kerk, wo er noch immer begraben liegt.

Thomas Balfe

DIE HIRTEN VON ARKADIEN

NICOLAS POUSSIN (1594–1665)

30-Sekunden-Kunst

Poussin war Sprössling einer normannischen Familie aus dem niederen Adel. 1624 verließ er Frankreich und lernte in Rom, dem führenden europäischen kulturellen Zentrum, die klassische Vergangenheit kennen (Bildhauerei, Architektur, antike Ruinen), die er in vielen Gemälden und Skizzen festhielt. Poussin lernte dort auch Cassiano dal Pozzo kennen, einen Gelehrten und Antiquar, der ihn für neue Ideen begeisterte und ihn beim Ankauf von Gemälden unterstützte. Von Poussins Interesse für Sprache, Philosophie und klassischer Vergangenheit zeugen seine *Hirten von Arkadien*, situiert im Idyll Arkadiens des Dichters Virgilius. Begleitet von einer wunderschön gekleideten Frau werden dort drei Schäfer abgebildet, die gemeinsam über die Inschrift *Et in arcadia ego* auf dem von ihnen gerade entdeckten Sarkophag nachdenken. Kunsthistoriker haben lange darüber diskutiert, ob die Inschrift die Worte des Todes wiedergibt, der an unsere Sterblichkeit erinnert (*Ich, der Tod, bin auch hier in Arkadien*), oder die Worte der Verstorbenen, die sich wehmütig an ihr Leben erinnern (*Ich, der einst lebte, bin nun tot in Arkadien*). Wie dem auch sei, dieses düstere Werk erinnert uns an die Vergänglichkeit menschlichen Glücks.

3-SEKUNDEN-SKIZZE

Vor dem Rahmen eines arkadischen Paradieses konfrontiert Poussin Natur und Lebensfreude mit der Unausweichlichkeit des Todes.

3-MINUTEN-INFO

Die bleiche Frau, die die Schäfer begleitet und führt, könnte als Verkörperung der Vernunft gemeint sein und als Aufforderung, den Tod zu akzeptieren. Sie kann aber auch die Repräsentation des Tods selber sein, der hier im Bild sein nächstes Opfer auswählt: den Schäfer, auf den sie sanft ihre Hand legt. In der französischen und italienischen Literatur wird der Tod in der *Danse Macabre* oft als langhaarige Schönheit dargestellt, die versucht, Menschen in ihr Reich zu führen.

DETAILS

Ölfarbe auf Leinwand, ca. 1637–1638

87 x 120 cm

Musée du Louvre, Paris

3-SEKUNDEN-BIOGRAFIE

CASSIANO DAL POZZO

1588–1657

Freund von Galileo und wichtiger Mäzen von unter anderem Caravaggio, Artemisia Gentileschi und Gian Lorenzo Bernini. Für seine riesige Sammlung Kunstwerke, Kuriositäten und Antiquitäten erwarb er insgesamt ca. 50 Werke von Poussin.

30-SEKUNDEN-TEXT

Thomas Balfe

Die Inschrift auf dem Sarkophag ist teilweise im Schatten verborgen, so dass wir – wie auch die Schäfer – die Worte entziffern müssen.

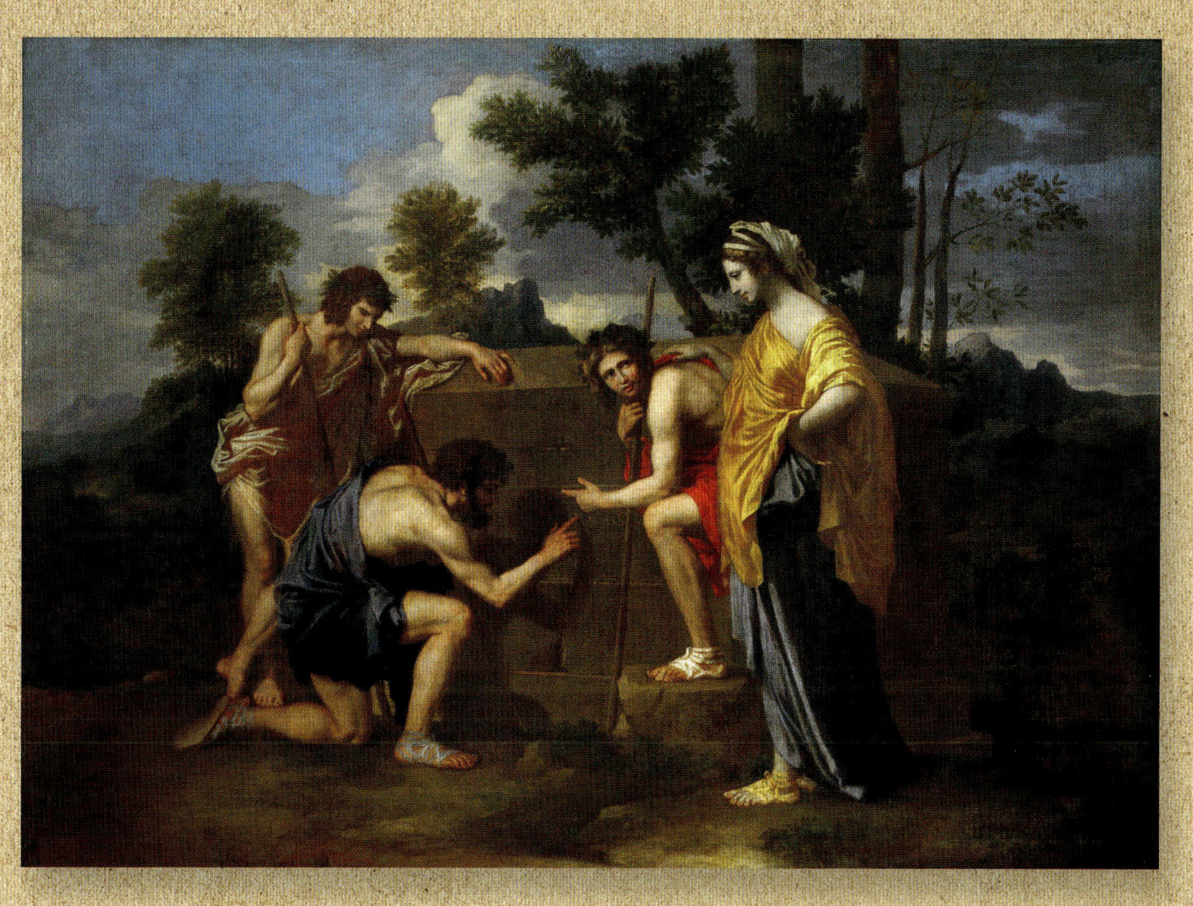

LAS MENINAS
DIEGO VELÁZQUEZ (1599–1660)

30-Sekunden-Kunst

Velázquez hat sich hier mit Pinsel und Malstock dargestellt, während er den spanischen König Philip IV. und Königin Mariana porträtiert. Sie werden in einem im Hintergrund des Raumes hängenden Spiegel reflektiert. An prominenter Stelle sehen wir die Tochter des Paares, Margaret Theresa. Sie trägt einen weiten Reifrock und um sie herum sehen wir ihre Hoffräulein – die *Meninas* –, sowie zwei Zwerge, einen schlafenden Hund, einen Wachmann, und einen Kammerherrn, der von der Treppe aus zusieht. Indem Velázquez sein eigenes Bild in diese intime Abbildung des königlichen Haushalts integriert, betont er seine privilegierte Rolle als Hofkünstler. Diese Position hatte er sich nach 1620 erworben, als er von Sevilla, wo er als Maler religiöser Bilder und Wirtshausszenen bekannt war, nach Madrid eingeladen wurde und mit einem (verloren gegangenen) Porträt Eindruck auf den König machte. In diesem beeindruckenden Gemälde zeigt Velázquez seine Meisterschaft auf jedem Gebiet der Malkunst: Der Spiegel, der Lichtfall und die Verwendung weißer Glanzlichter zur Wiedergabe der schimmernden weißen Gewänder zeigen seine Fähigkeit, Ölfarbe in eine raffinierte Wiedergabe der Wirklichkeit zu verwandeln.

3-SEKUNDEN-SKIZZE
Dieses Gemälde der spanischen Königsfamilie versetzt den Betrachter in die Position von König und Königin und zeigt, wie der Maler die Reflexion im Spiegel perfekt wiedergibt.

3-MINUTEN-INFO
Der Raum, in dem *Las Meninas* entstand, wurde als einer der Wohnräume von Balthasar Carlos – der jung verstorbene Sohn Philip IV. – im (1734 zerstörten) Alcázar Palast in Madrid identifiziert. Indem Velázquez sich selbst bei der Arbeit in diesem Privatraum abbildet, zeigt er seine Vertrautheit mit der königlichen Familie. In diesem Raum hingen etwa 40 Gemälde, die meisten Kopien von Werken Rubens', dessen sozialen Status auch Velázquez anstrebte.

DETAILS
Ölfarbe auf Leinwand, 1656
318 x 276 cm
Museo Nacional del Prado, Madrid

3-SEKUNDEN-BIOGRAFIE
PHILIP IV. VON SPANIEN
1605–1665
Im Lauf der Jahre widerstrebte es Philip IV. immer mehr, sein alterndes Gesicht porträtieren zu lassen. Dieses undeutliche Spiegelporträt scheint Velázquez' Lösung für dieses Problem gewesen zu sein.

30-SEKUNDEN-TEXT
Thomas Balfe

Die Reflektion im Spiegel zeigt entweder das königliche Paar oder das Porträt, das Velázquez gerade malt.

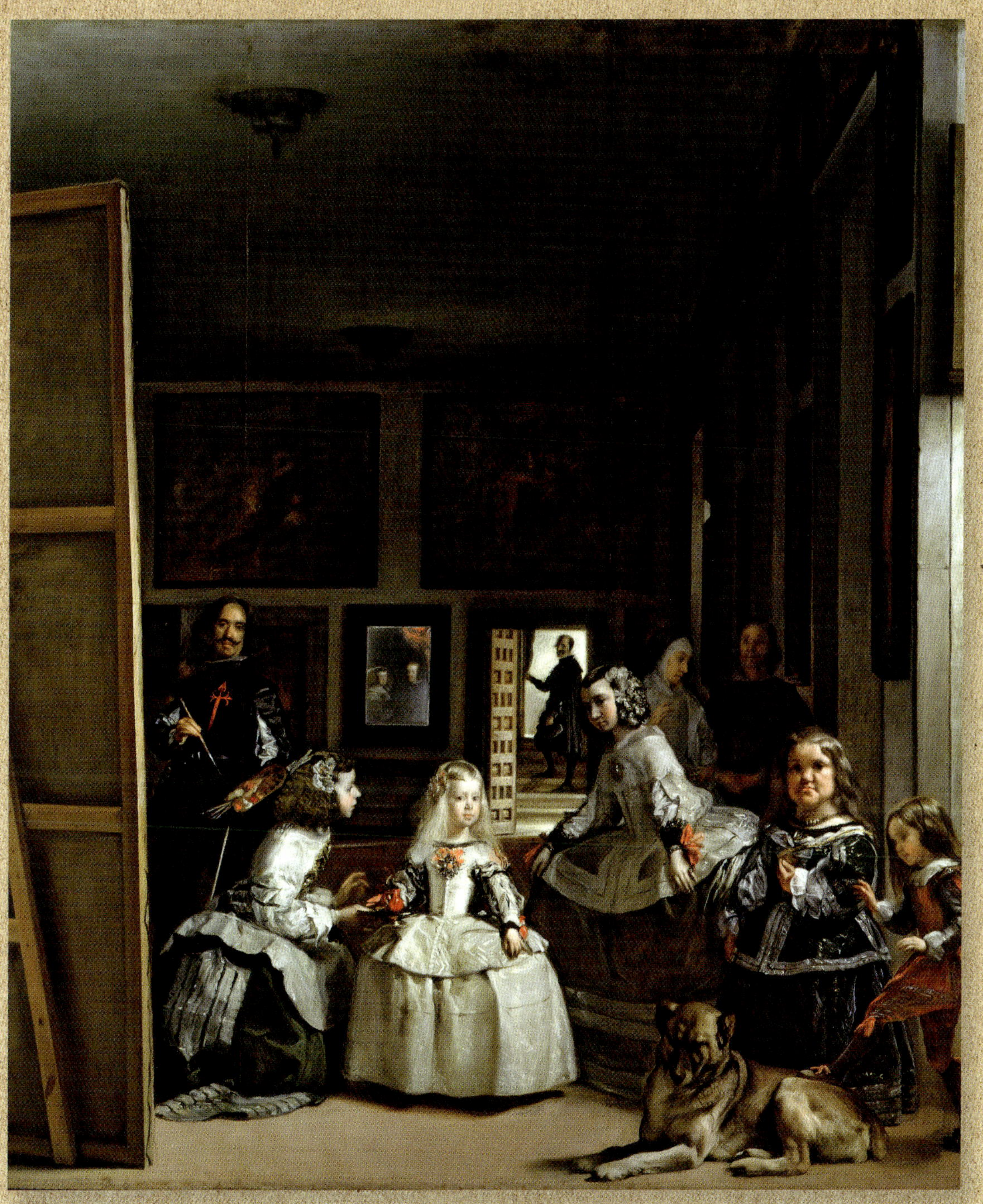

DIENSTMAGD MIT MILCHKRUG

JOHANNES VERMEER (1632–1675)

30-Sekunden-Kunst

Die hier abgebildete Frau ist eine Küchenmagd. Sie steht vor einer kahlen Wand, die bis in die kleinsten Details genau wiedergegeben wird, und bereitet wohl Pudding oder Brei aus der Milch, die sie in eine flache Schale aus rotem Ton gießt. In der niederländischen Genremalerei aus dieser Zeit werden Küchenmägde meist mit Faulheit oder Lust assoziiert. Sie tragen oft einen Topf, Krug oder eine Pfanne als Symbol für ihre Hohlköpfigkeit oder Bereitschaft, männliche Bedürfnisse zu befriedigen. Vermeer dreht dieses Klischee um. Seine niedrige Perspektive verwandelt die Küchenmagd in eine würdevolle und imponierende Gestalt, die als Mittelpunkt des Gemäldes ihre wichtige Rolle im Haushalt unterstreicht. Vermeer arbeitete als Kunsthändler und Maler und war gerade einmal 25 Jahre alt, als er dieses Gemälde schuf. Die ersten Betrachter – unter denen wohl auch der Auftraggeber Pieter van Ruijven – hatten nicht nur Freude an Vermeers Umkehrung der Konventionen der Genremalerei, sondern bewunderten auch seine Meisterschaft in der Darstellung unterschiedlichster Strukturen durch eine Vielfalt von Pinselstrichen und Stichverzierungen: einem Muster aus Punkten das, aus der richtigen Entfernung eine perfekte Abbildung ergibt.

3-SEKUNDEN-SKIZZE

Dank subtiler Lichtführung, kreativem Pinselstrich und strenger Perspektive schafft Vermeer hier ein überzeugendes Bild einer ernsthaften Küchenmagd auf ihrem Arbeitsplatz.

3-MINUTEN-INFO

In diesem subtilen Bild spielt Vermeer mit den Standardassoziationen bei der Darstellung weiblichen Dienstpersonals, indem er auf den Wandfliesen rechts im Raum einen Cupido und einen suchenden Mann abbildet. Das hölzerne Fußstövchen könnte ebenfalls erotisch gemeint sein und mit der Hitze der Lust zusammenhängen. Hier jedoch scheint sie auf die Kälte in der Küche und damit indirekt auf die hingebungsvolle Arbeit der Küchenmagd hinzuweisen.

DETAILS

Ölfarbe auf Leinwand, ca. 1658
46 x 41 cm
Rijksmuseum, Amsterdam

3-SEKUNDEN-BIOGRAFIE

PIETER VAN RUIJVEN
1624–1674

Wohlhabender Bürger aus Delft, der Vermeer lebenslang unterstützte und ihm in seinem Testament aus 1665 den erheblichen Betrag von 500 Gulden vermachte. Er erwarb wahrscheinlich ca. 20 Gemälde des Künstlers, einschließlich der *Dienstmagd* und möglicherweise auch das Vorkaufsrecht auf neue Werke.

30-SEKUNDEN-TEXT

Thomas Balfe

Der Korb, das Brot und die Gefäße auf dem Tisch zeigen alle die für Vermeer typische Verwendung der Stichverzierungen.

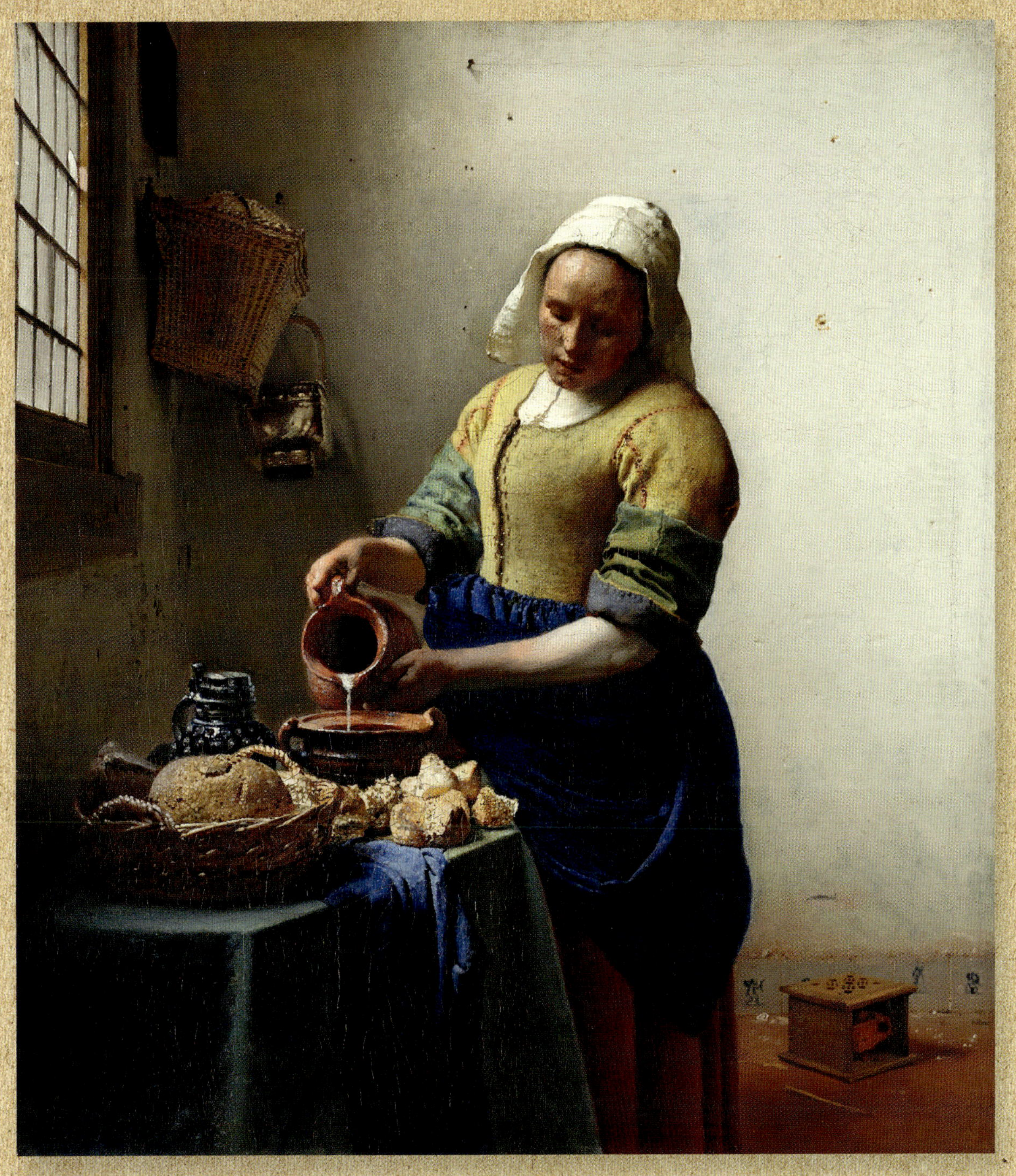

SELBSTPORTRÄT

REMBRANDT VAN RIJN (1606–1669)

30-Sekunden-Kunst

Die Jahre vor diesem Selbstporträt waren eine schwere Zeit für Rembrandt. Um 1655 musste sich der schon ältere Künstler für zahlungsunfähig erklären und viele seiner geliebten Drucke und Gemälde verkaufen. Dies war ein schwerer Schlag für den Künstler, der als jüngerer Mann für seine großzügige Lebensweise bekannt war. Rembrandts Karriere hatte 1631 begonnen, als er von seiner Heimatstadt Leiden nach Amsterdam zog. Dort half ihm der Kunsthändler Hendrick van Uylenburgh, sich selbstständig zu machen. Ab 1640 war Rembrandt einer der führenden Künstler der Stadt und seine Person und sein Name waren, auch dank der zahlreichen Selbstporträts, international bekannt. Rembrandt malte die Selbstporträts allerdings nicht nur um seinen Ruhm zu steigern, sondern auch um sein öffentliches Imago zu kontrollieren. Dieses Bild prunkt mit seiner Fähigkeit, ein dickes Impasto mit sicheren, quasi improvisierten Strichen aufzutragen. Ein schönes Beispiel sind die Locken seiner Haare um das linke Ohr, die er mit dem Stil seines Pinsels in die nasse Farbe kratzte. Das opulente Barett mit Goldband verkündet einen Reichtum, den er zu dieser Zeit schon nicht mehr besaß und erinnert auch an Raffaels berühmtes Porträt von Baldassare Castiglione, dem für sein Wissen und seine höfische Verfeinerung bekannten Humanisten. Trotz aller Probleme präsentiert sich Rembrandt hier als talentierter Maler und kultivierter, erfolgreicher Mann.

3-SEKUNDEN-SKIZZE

In diesem Selbstporträt im Alter von 53 Jahren demonstriert Rembrandt seinen materiellen Erfolg – und seine Fähigkeit, dicke und lässig aufgetragene Farbe in ein lebensechtes Porträt zu verwandeln.

3-MINUTEN-INFO

Rembrandts 80 Selbstporträts sind mehr als reine Selbstdarstellung. Er nutzte das Genre auch, um sich an der Darstellung von Gesichtsausdrücken und den unterschiedlichsten sozialen Typen zu üben. Seine Selbstporträts zeigen ihn Grimassen schneidend, lachend und weinend, oder in der Rolle des Höflings, Bettlers, Verrückten, Sultans, Malers oder sogar eines säbelschwingenden türkischen Kriegers.

DETAILS

Ölfarbe auf Leinwand, 1659

84,5 x 66 cm

National Gallery of Art, Washington

3-SEKUNDEN-BIOGRAFIE

HENDRICK VAN UYLENBURGH

ca. 1587–1661

Ließ Rembrandt in den 1630er Jahren im eigenen Haus unterkommen, beschaffte ihm Porträtaufträge und Schüler. 1634 heiratete der Maler Hendricks Nichte Saskia.

30-SEKUNDEN-TEXT

Thomas Balfe

Die skizzenhafte Wiedergabe der Hände des Künstlers lenkt die Aufmerksamkeit auf das verwitterte Gesicht und den melancholischen Gesichtsausdruck.

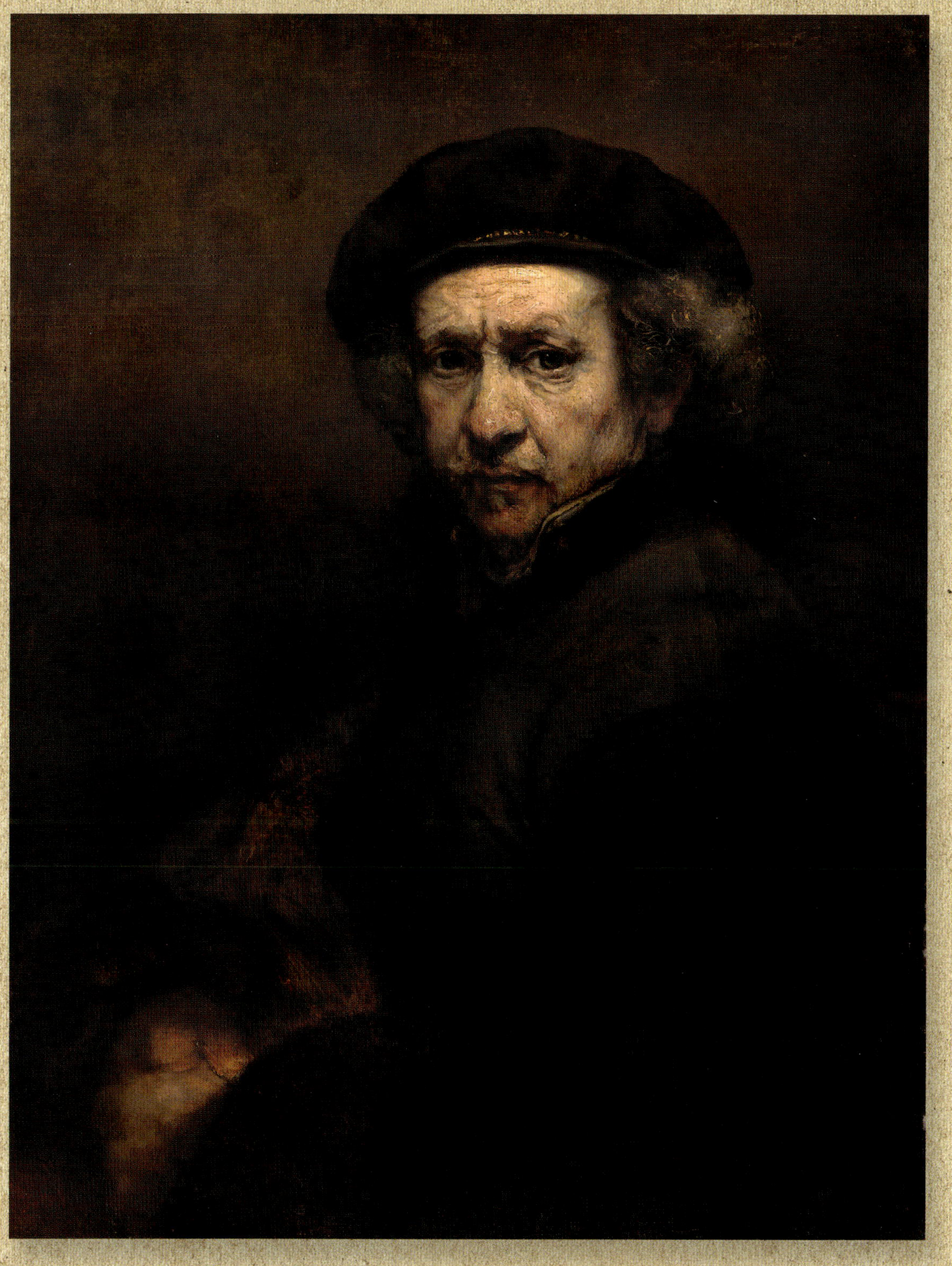

NEOKLASSIK UND ROMANTIK

NEOKLASSIK UND ROMANTIK
GLOSSAR

Académie des Beaux-Arts Die Akademie der schönen Künste wurde 1816 in Paris gegründet. Sie vereinigte die drei vorher unabhängigen Akademien für Malerei und Bildhauerei, Musik und Architektur.

Accessoires Kleine menschliche oder tierische Gestalten, die die Wirkung einer Landschaft oder Architektur verstärken sollen. Die Accessoires sind also nicht primäres Thema eines Kunstwerks.

Blick Begriff aus der Kritischen Theorie zu Ende des 20. Jahrhunderts. Das Sehen und Gesehen-Werden wurde hier in Begriffen von Macht und Kontrolle interpretiert. Der Blick in der Geschichte der westlichen Kunst ist vor allem männlicher Art, das weibliche Subjekt ist nur Empfänger.

Erhabenheit Im 18. Jahrhundert galt *Erhabenheit* als ein wichtiges Merkmal der Landschaftsmalerei. Eine *erhaben* dargestellte Natur sollte Gefühle von Ehrfurcht, Verwunderung und manchmal auch Angst beim Betrachter erregen.

Grand Tour Die Bildungsreise durch Europa war zwischen dem 17. und frühen 19. Jahrhundert bei den wohlhabenden jungen Herren Europas sehr beliebt. Sie diente vor allem dem Studium des klassischen Erbes und der Renaissance in Italien. Als Resultat wurde der Neoklassizismus in ganz Europa populär.

Ikonografie Die Darstellung oder der Inhalt eines Kunstwerks, im Unterschied zum Stil.

Komposition Die Anordnung und Kombination der Gestaltungselemente eines Gemäldes oder einer Skulptur, die den Globaleindruck eines Kunstwerks erzeugen.

Kosmopolitisch Menschen und Einflüsse aus anderen Ländern und Kulturen.

Landschaft Malerei oder Zeichnung, in der die Natur im Mittelpunkt steht. Obwohl stilisierte Landschaften schon in der Renaissance als Hintergrund religiöser Gemälde eine Rolle spielten, wurde die Natur erst im 17. und 18. Jahrhundert als wichtiges und eigenständiges Thema der Kunst entdeckt.

Modernität Bezieht sich auf die Zeit nach dem Mittelalter. Typisch sind die Ablehnung von Tradition, der Wunsch das Hier und Jetzt darzustellen, das Streben nach Fortschritt und Wandel, sowie der Anspruch auf individuelle Freiheit.

Multiperspektivisch Eine Skulptur, die sich von allen Seiten betrachten lässt oder betrachtet wird.

Nacktheit Wiedergabe des nackten menschlichen Körpers, oft eine Darstellung idealer Schönheit. Die Bedeutung der Nacktheit in der antiken und Renaissancekunst hatte zur Folge, dass dieses Thema auch in der westlichen Kunst bedeutend und beliebt wurde.

Perspektivische Verkürzung Verwendung der Perspektive zur Schaffung der Illusion, dass Objekte oder Personen, die zum Beispiel in der Ferne verschwinden, länger erscheinen als sie tatsächlich sind.

Pittoresk Der Ausdruck stammt aus dem späten 18. Jahrhundert und bezeichnet eine künstlerisch idyllische und inspirierende Landschaft. In der Malerei betont die pittoreske Landschaft oft das Irreguläre der Natur, kombiniert mit menschlichen Symbolen, wie steinerne Ruinen, ein Schloss oder eine urige Hütte.

Romantik Künstlerische Strömung gegen Ende des 18. Jahrhunderts, die höchstpersönliche Subjektivität und Gefühle in den Mittelpunkt künstlerischer Darstellung stellt. In der Malerei kam sie vor allem in der Landschaftsmalerei zum Ausdruck, die die Natur verherrlicht. Die Romantik gilt als Reaktion auf die Rationalität des Klassizismus und sein Streben nach Gleichgewicht.

Stuck Ein feines weißes Puder, das nach Mischung mit Wasser hart wird. Wenn es in eine Form gegossen wird, entsteht ein Abdruck. Stuck lässt sich auch in Schichten auf eine Struktur, oft ein Drahtgeflecht, auftragen.

Topografie Bezieht sich auf den Ort der dargestellten Landschaft oder anderer Themen.

Vordergrund Der vordere Bildbereich einer Zeichnung, eines Gemäldes oder einer Fotografie, der dem Betrachter am nächsten zu stehen scheint.

VENEDIG: DER HAFEN VON SAN MARCO VOM CANALE DELLA GIUDECCA

CANALETTO (1697–1768)

30-Sekunden-Kunst

Dieses Gemälde ist eine von zwei Darstellungen des Hafens von Venedig durch den Maler Canaletto. Es zeigt Wasserstraßen der Stadt und versetzt den Betrachter mitten in das hektische Treiben auf dem Kanal. Oben, an der Spitze der Insel Giudecca, liegt die Kirche von San Giorgio Maggiore, am Kai links steht die Dogana da Mar, das Zollamt mit einem Globus auf dem Dach. Canaletto stellte die Dogana viel kleiner dar als sie in Wirklichkeit war, damit die danebenliegende Bibliothek noch in das Bild passt. Die künstlerische Freiheit bei der Topografie war eine häufig angewandte Strategie von Canaletto. So konnte er viele typische Gebäude in einer Komposition zusammenfassen und erhöhte damit seine Verkaufschancen bei wohlhabenden Touristen. Auch die exakte Beobachtung des Alltagslebens gehört zu den Kennzeichen seiner Werke. Die genaue Darstellung von Kleidung und Handlungen der Figuren hebt diese über die Funktion von Bildstaffage hinaus und machte sie zu Individuen. Dies gilt auch für die Schiffe. Canaletto zeigt uns die Vielfalt an täglichen Geschäften im Venedig des 18. Jahrhunderts, das damals eine der größten Handelsmächte der Welt war.

3-SEKUNDEN-SKIZZE
Canaletto zeigt uns einen kosmopolitischen Blick auf den Hafen von Venedig mit seinen vielen Attraktionen für Touristen und Käufer: berühmte Gebäude, Schiffsverkehr, lebendige Figuren und eine leuchtende Farbpalette.

3-MINUTEN-INFO
Im 18. Jahrhundert zog Venedig, als weltweit bekannte Touristenattraktion viele junge, wohlhabende Gentlemen auf ihrer Grand Tour magnetisch an. Auch der Kauf europäischer Kunstwerke war ein wichtiger Aspekt der Grand Tour. Zu Hause schmückten diese Werke die Landhäuser und bewiesen die Gelehrtheit und den Kunstgeschmack ihrer Besitzer.

DETAILS
Ölfarbe auf Leinwand,
ca. 1735–1744
The Wallace Collection,
London

3-SEKUNDEN-BIOGRAFIE
FRANCIS SEYMOUR-CONWAY,
1718–1794
Britischer Politiker, der dieses Gemälde und ein ähnliches mit dem Hafen von San Giorgio Maggiore wahrscheinlich als Erinnerung an seine Grand Tour 1738–1739 erwarb (beide in der Sammlung Wallace).

30-SEKUNDEN-TEXT
Sarah Moulden

Canaletto zeigt uns einen interessanten Blick auf das Leben und die Geschäfte auf einem Kanal in Venedig.

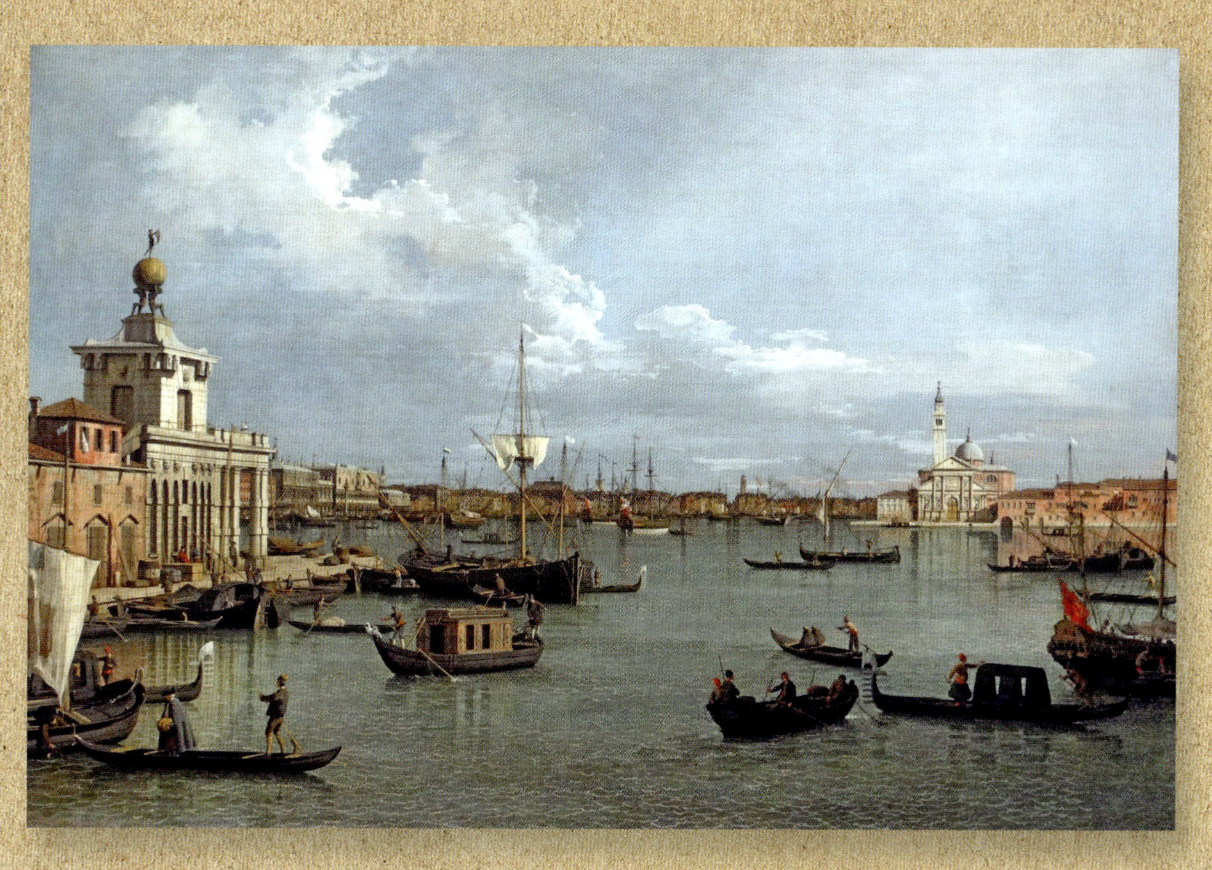

MRS. ABINGTON ALS MISS PRUE IN LOVE FOR LOVE VON WILLIAM CONGREVE

SIR JOSHUA REYNOLDS (1723–1792)

30-Sekunden-Kunst

Im frühen 18. Jahrhundert erlebte das Theater in England eine Blütezeit, wobei der Starkult um Darstellerinnen mit einer enormen Popularität ihrer Porträts einherging, die sie auf der Bühne oder privat darstellten. Das Porträt von Frances Abington, eine der berühmtesten Darstellerinnen jener Tage, ist ein bemerkenswertes Beispiel für das neue Genre. Dieses intime Porträt in halber Größe zeigt die Schauspielerin in modischer Kleidung, sich räkelnd über die Rückenlehne eines Hepplewhite-Stuhls. Das Porträt zeigt Abington in einer ihrer erfolgreichsten Rollen, der jungen und unschuldigen Miss Prue, aus der Komödie *Love for Love* (1694) von William Congreve. In diesem Stück ist Miss Prue ein dummes und naives Landmädchen, das dem Theaterbesucher des 18. Jahrhunderts auf jeden Fall als kokett, wenn nicht sexy, vorkommen musste. Diese Aspekte der Bühnenrolle werden in Reynolds' Darstellung betont. Er zeigt uns ein intimes Porträt von Abington, die unseren Blick neckisch zurückgibt, während sie mit leicht geöffneten Lippen den Daumen berührt – eine Geste, die damals als zu direkt und unschicklich für eine Dame galt.

3-SEKUNDEN-SKIZZE

Mrs. Abingtons direkter Blick und die spielerische Berührung der Lippen ergeben ein dramatisch verführerisches Porträt durch Joshua Reynolds, den führenden Porträtmaler der damaligen Zeit.

3-MINUTEN-INFO

Die Verabschiedung des *Licening Act* (Lizensierungsgesetz) 1737 führte zu einer Zensur von Theaterstücken und zum Verbot zahlreicher Theatergesellschaften in London. Offiziell blieben nur zwei Gesellschaften übrig. Dennoch konnten Frauen als professionelle Schauspielerinnen weiterhin Karriere machen. So wurde die Bühne zu einem Podium der Emanzipation und die gefeierten Schauspielerinnen regten die gesellschaftliche Debatte über Moral und sexuelle Etikette an.

DETAILS

Ölfarbe auf Leinwand, 1771
76,8 x 63,8 cm
Yale Center for British Art
New Haven, Connecticut

3-SEKUNDEN-BIOGRAFIE

FRANCES ABINGTON
1737–1815

Gefeiertes Mitglied der David Garrick-Company beim Theater Royal, Drury Lane. Führte ein kompliziertes persönliches Leben und galt als „Model".

30-SEKUNDEN-TEXT

Sarah Moulden

Dieses Porträt ist eines von mindestens sechs Porträts durch Reynolds und wurde wahrscheinlich für einen Privatkunden hergestellt.

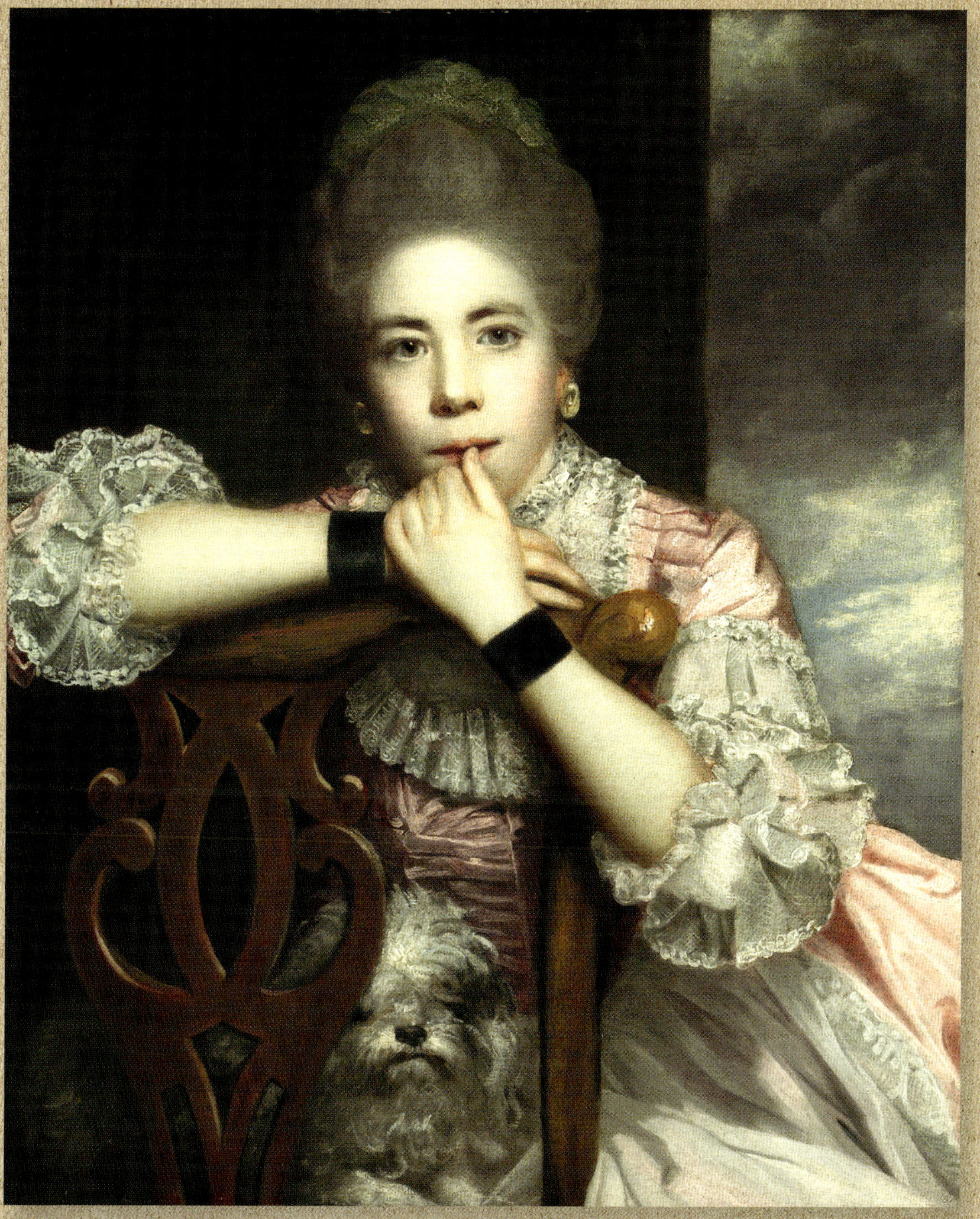

AMOR KÜSST PSYCHE
ANTONIO CANOVA (1757–1822)

30-Sekunden-Kunst

Die Legende von Cupido und Psyche war ein beliebtes Thema in der Kunst des 18. Jahrhunderts. In dieser lebensgroßen Marmorskulptur zeigt uns der italienische Bildhauer Antonio Canova die jungen Liebenden in leidenschaftlicher Umarmung. Cupido streichelt das Gesicht von Psyche mit der rechten Hand, die linke umfasst ihre rechte Brust. Sie lässt sich seine Berührung gefallen und nimmt sein Gesicht in ihre Hände, während die beiden tiefe Blicke austauschen. Der geflügelte Liebesgott hat Psyche aus dem Tiefschlaf geküsst, in den sie durch das Einatmen giftiger Dämpfe aus der Unterwelt geraten war. Canovas dynamische Komposition unterstreicht das Drama. Die scharfen Diagonalen, wie die Schwingen und das gebeugte Bein von Cupido, geben der Skulptur eine aufsteigende Dynamik, während die gewundenen Formen, wie von Psyches Körper, fest auf dem Felsen verankert sind. Diese Kombination horizontaler und vertikaler Akzente gibt der Skulptur, die sich ursprünglich auf ihrem Sockel drehen ließ, einen dynamischen Akzent. Für die auffällig glatte Haut des Paares benutzte Canova sehr feine Feilen, mit denen er den Marmor mit größter Präzision bearbeiten konnte.

3-SEKUNDEN-SKIZZE
Canova schuf diese lebensgroße Statue im Alter von 30 Jahren. Sie stellt den Moment dar, an dem Cupido, der Liebesgott, seine Geliebte Psyche aus einem todesähnlichen Schlaf rettet.

3-MINUTEN-INFO
Die Fertigung von *Amor küsst Psyche* erfolgte in einigen präzisen Schritten. Um die exakte Komposition festzulegen, stellte Canova zunächst mehrere vorbereitende Zeichnungen und kleine Modelle her. Dann fertigte er ein Lehmmodell in voller Größe an, von dem eine Gussform hergestellt wurde. Dieser Abguss diente als Vorlage für einen Gipsabdruck in definitiver Größe, nach dem die Marmorstatue gemeißelt wurde.

DETAILS
Marmor, 1787
155 x 168 cm
Musée du Louvre, Paris

3-SEKUNDEN-BIOGRAFIE
SIR JOHN CAMPBELL
1753–1821
Schottischer Armeeoffizier, der Canova 1787 in Neapel kennenlernte und ihn mit dieser Skulptur und einer weiteren – mit stehenden Cupido und Psyche – beauftragte.

30-SEKUNDEN-TEXT
Sarah Moulden

Diese dramatische Skulptur gehört zu den ikonischen Darstellungen sensueller Liebe in der westlichen Kunst.

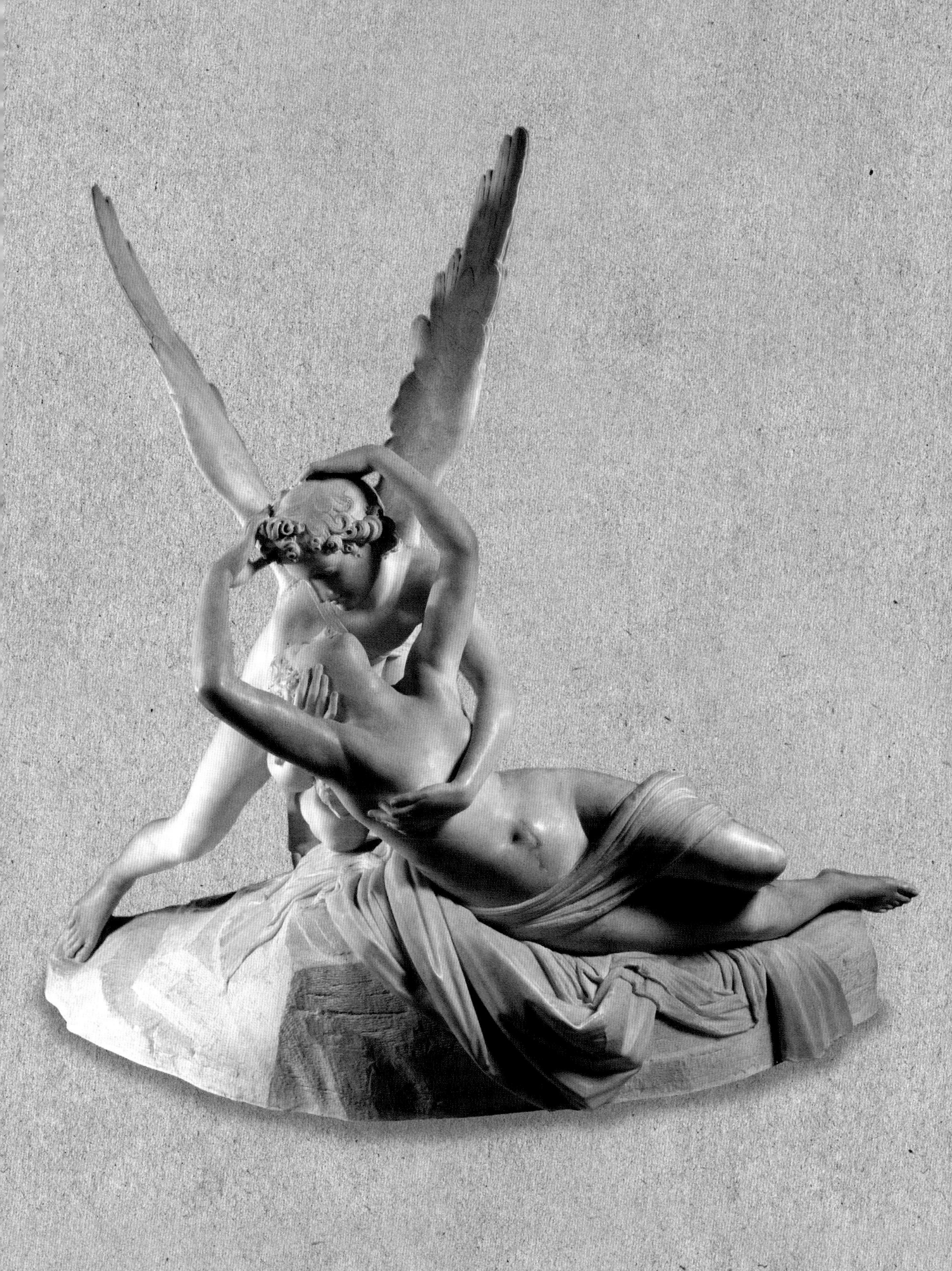

DIE BADENDE VON VALPINCON

JEAN-AUGUSTE-DOMINIQUE INGRES (1780–1867)

30-Sekunden-Kunst

Der junge Ingres malte dieses sensuelle Bild einer Nackten im Jahre 1808, als er an der französischen Akademie in Rom studierte. Am linken Bildrand, eingerahmt von einem Vorhang, sitzt eine Badende vor einem sprudelnden Becken mit gekreuzten Beinen auf dem Rand eines zerwühlten Betts. Sie trägt nichts als einen rot-weißen Turban und ihr linker Arm ist teilweise von einem Leintuch bedeckt, der Blick ist vom Betrachter abgewendet. Diese Pose erlaubt es Ingres, uns ihren Körper so zu zeigen, wie sie ihn selbst nicht sehen kann. Unser voyeuristischer Blick und unsere Nähe zur Badenden verstärken die Direktheit und Intimität der Szene. Ingres überschritt die damaligen Normen in der Darstellung des weiblichen Körpers, indem er die Badende mit einem Turban und von hinten zeigt. Ingres musste das Gemälde nach Paris senden, wo es von einer Jury der Académie des Beaux-Arts beurteilt wurde. Diese urteilte, das Thema ähnele zu sehr dem Leben. Dem Gemälde fehlten „der schöne Charakter des Altertums und der große, edle Stil", den man von einem Studenten der Akademie erwarten könne. Über Ingres' Gleichgültigkeit gegenüber dem „großen Stil" der Akademie sollte sich das französische Kunst-Establishment noch seine gesamte Karriere lang ärgern.

3-SEKUNDEN-SKIZZE
Ingres' Entscheidung, die Nackte von hinten abzubilden, brach mit der Konvention, nach der weibliche Akte von vorn abzubilden seien.

3-MINUTEN-INFO
In Rom bewunderte und studierte Ingres das Werk von Rafael, dem großen Renaissance-Maler. In seiner ikonografischen und kompositorischen Komposition enthält *Die Badende von Valpincon* zahlreiche Referenzen an diesen Maler. So erinnern das genaue Muster und die Falten in ihrem Turban an *Raphaels Madonna della Seggiola* (1513–1514), und ihre sitzende Position kehrt die frontale Pose der halbnackten Frau seiner *La Fomarina* (ca. 1518–1519) um.

DETAILS
Ölfarbe auf Leinwand, 1808
146 x 97 cm
Musée du Louvre, Paris

3-SEKUNDEN-BIOGRAFIE
THÉOPHILE GAUTIER
1811–1872
Französischer Kritiker und Dichter. Gautier wurde drei Jahre nach der *Badende von Valpincon* geboren und war sein Leben lang ein großer Bewunderer von Ingres, vor allem seiner Gemälde.

30-SEKUNDEN-TEXT
Sarah Moulden

Ingres zeigt uns ein sensuelles Bild einer sich vom Betrachter abwendenden weiblichen Badenden.

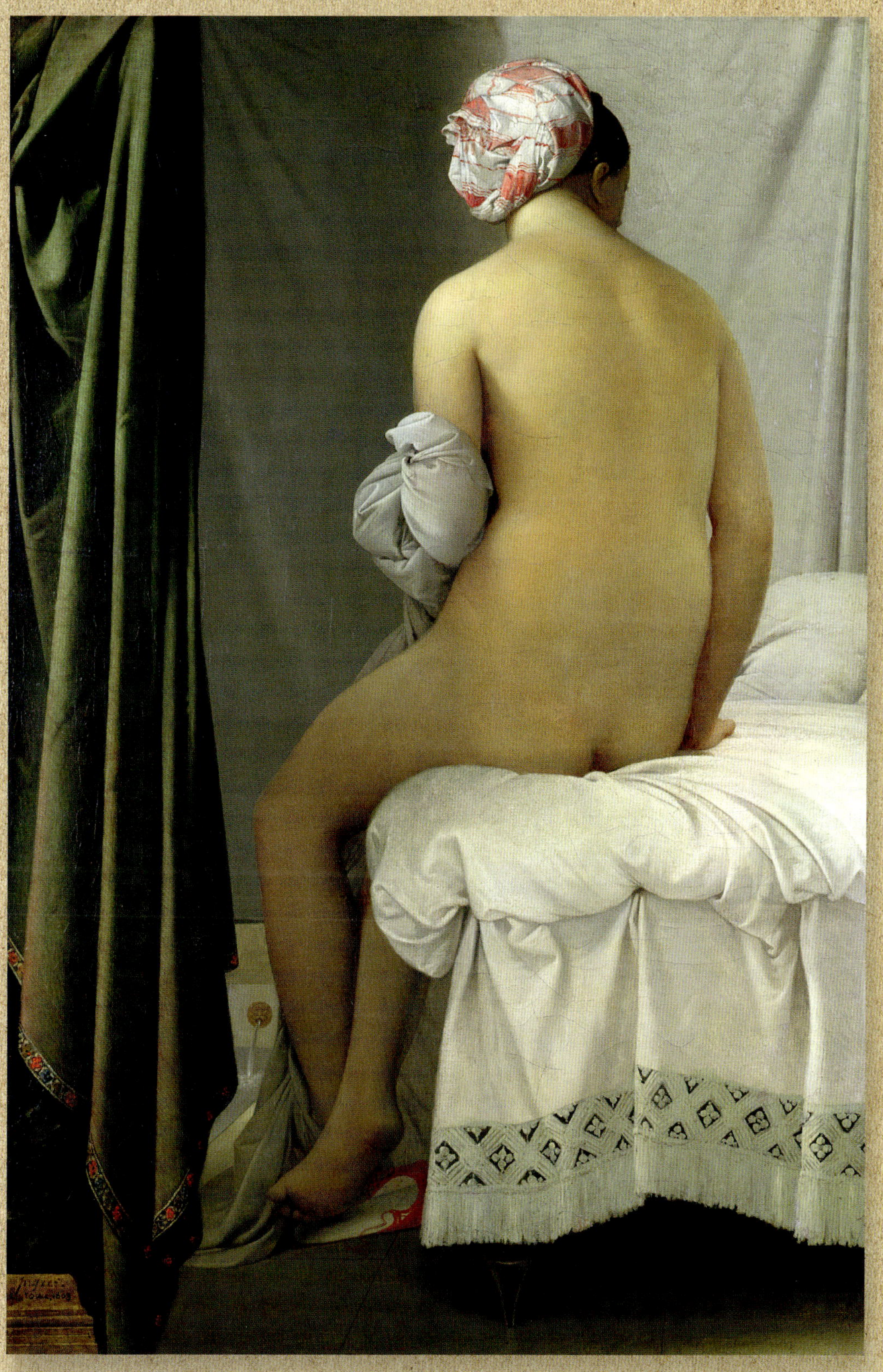

DER 3. MAI 1808

FRANCISCO JOSÉ DE GOYA
Y LUCIENTES (1746–1828)

30-Sekunden-Kunst

Goyas erschütterndes Meisterwerk erinnert an ein Kriegsverbrechen vom 3. Mai 1808, als patriotische Madrilenen wegen ihrer Erhebung gegen die französische Besetzung von Napoleons Exekutionskommando erschossen wurden. Dieses großformatige Bild zeigt den Moment, bevor eine Gruppe von Patrioten von französischen Soldaten auf dem Princípe Pío, einem Hügel vor der Stadt, erschossen wird. Die Soldaten stellen sich an der rechten Seite auf, die Gesichter abgewandt, ihre Gewehre schussbereit. An der linken Seite, flankiert von Männern, die ihr Gesicht bedecken oder sich in Angst winden, erhebt einer der Patrioten die Arme und fleht um sein Leben. Sein Hemd und seine Hosen werden vom schrägen Licht der Lampen erleuchtet, ebenso wie das Blut und die Körper der getöteten Kameraden – wir sehen hier die zweite Hinrichtungswelle. Goya malte *Der dritte Mai 1808* sechs Jahre nach dem Aufstand und der brutalen französischen Besetzung. Inzwischen waren die Franzosen zwar verjagt und die Bourbonen-Monarchie wieder eingesetzt, aber der neue spanische König Ferdinand VII. errichtete eine Schreckensherrschaft, auf die sich Goyas Gemälde wohl genauso bezog wie auf den Aufstand gegen Napoleon.

3-SEKUNDEN-SKIZZE
Der dritte Mai 1808 erinnert in all seiner brutalen Intensität an den spanischen Widerstand gegen die Armee von Napoleon während der französischen Besetzung 1808.

3-MINUTEN-INFO
Als Ergänzung zu *Der dritte Mai 1808* malte Goya *Der zweite Mai*. Hier wird eine gewalttätige Szene im Stadtzentrum von Madrid abgebildet, wo sich die Patrioten gegen die Mameluken – türkische Soldaten in der französischen Armee – erheben. Das Bild zeigt die |Patrioten zu Pferd in einem siegreichen Moment, dies in starkem Kontrast zur Darstellung ihrer furchtbaren Exekution.

DETAILS
Ölfarbe auf Leinwand, 1814
268 x 347 cm
Museo del Prado, Madrid

3-SEKUNDEN-BIOGRAFIE
JOSEPH-NAPOLÉON BONAPARTE
1768–1844
Der Bruder Napoleons, wurde König von Spanien. Er war sehr unpopulär, von seinen Gegnern wurde ihm Trunkenheit vorgeworfen, obwohl er offiziell abstinent war.

30-SEKUNDEN-TEXT
Sarah Moulden

Goya dokumentiert hier die gnadenlose Exekution spanischer Patrioten durch Soldaten Napoleons.

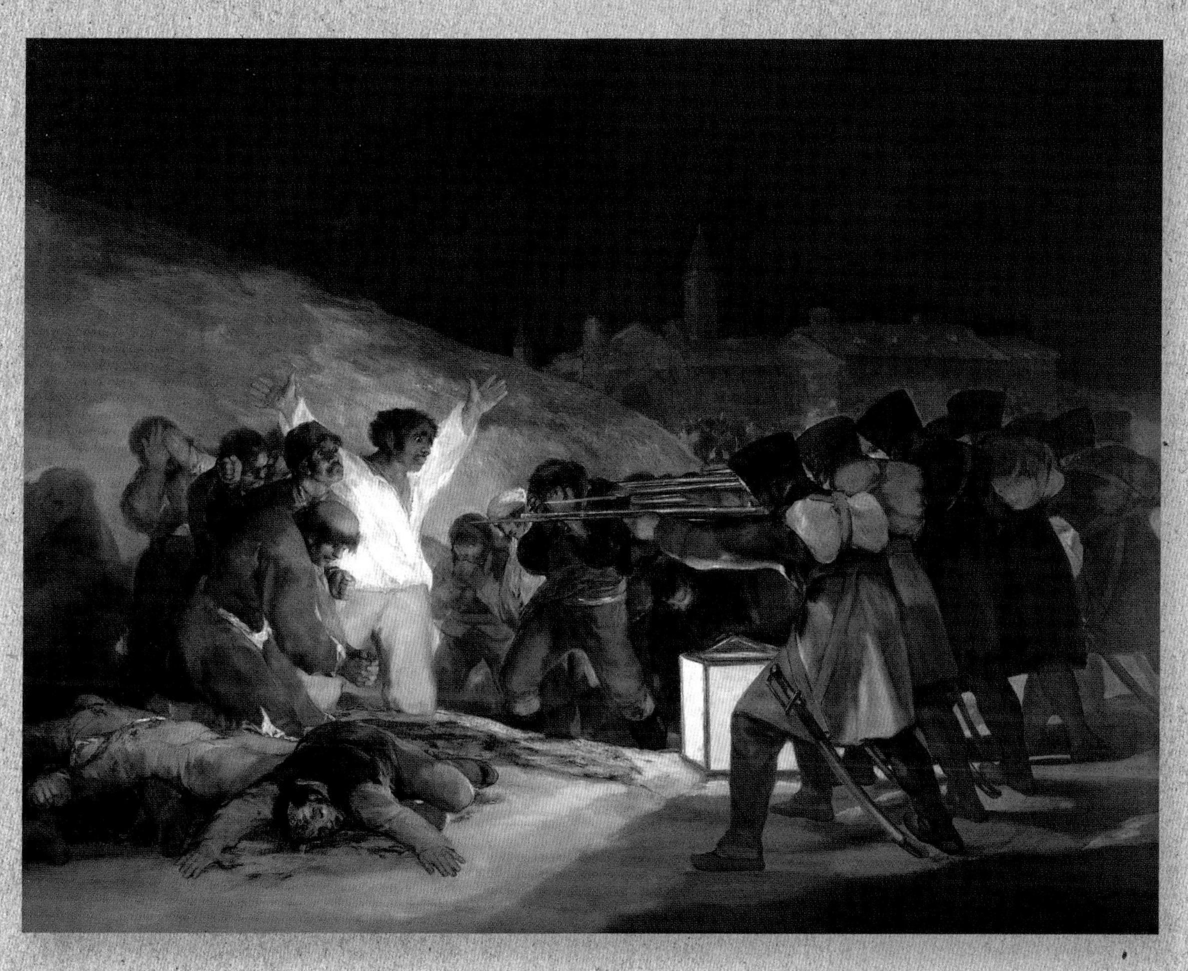

DER WANDERER ÜBER DEM NEBELMEER

CASPAR DAVID FRIEDRICH
(1774–1840)

30-Sekunden-Kunst

Im Zentrum des Gemäldes steht ein einsamer Wanderer auf einem felsigen Gipfel und bewundert die ehrfurchtgebietende Aussicht vor ihm. Er blickt zum Horizont. Seine imposante Gestalt in grünem Anzug bildet eine Silhouette vor dem hellen Weiß des nebelverschleierten felsigen Abgrunds. Alle Sichtlinien laufen in ihm zusammen: Der Berghang, die Konturen des fernen Tals und die Felsen, auf denen er steht und die ihn über die Aussicht erheben. So wird seine Gestalt zum Zentrum des Erlebens innerhalb der beeindruckenden Landschaft. Durch die Betonung des Wanderers und seines Naturerlebnisses wurde *Der Wanderer über dem Nebelmeer* zum Inbegriff der romantischen Natursehnsucht des frühen 19. Jahrhunderts. Friedrich verwendete häufig das Motiv einer von hinten abgebildeten zentralen Gestalt (Rückenfigur), um den subjektiven, ausschnittartigen Blick in die Welt zu betonen. Was der Wanderer auf dem Gipfel erlebt, bleibt uns zwar verborgen, aber aus seiner selbstbewussten, aufrechten Haltung können wir auf ein großartiges Erlebnis schließen.

3-SEKUNDEN-SKIZZE

Der Wanderer über dem Nebelmeer verherrlicht das subjektive Erleben des Individuums mitten in einer beeindruckenden Landschaft.

3-MINUTEN-INFO

Friedrichs Werk bietet uns eine malerische Abbildung des Erhabenen. Diese philosophische Kategorie feiert die Gefühle von Ehrfurcht, Größe und Majestät, die die Ästhetik dieser Zeit beherrschten. Der schwer definierbare Begriff Erhabenheit wurde zur Beschreibung neuer Formen des Erlebens angesichts der Größe der Natur verwendet, wobei das Gebirge eine große Rolle spielte.

DETAILS

Ölfarbe auf Leinwand, 1818
98,4 x 74,8 cm
Kunsthalle Hamburg

3-SEKUNDEN-BIOGRAFIE

EDMUND BURKE
1729–1797
Irischer Staatsmann und Philosoph. Seine Schriften, vor allem philosophische Untersuchungen über den Ursprung unserer Ideen vom Erhabenen und Schönen, waren von zentraler Bedeutung für das Verständnis des Erhabenen in der Romantik.

30-SEKUNDEN-TEXT

Sarah Moulden

Von einem Berggipfel aus erlebt ein einsamer Wanderer die Natur und sich selbst.

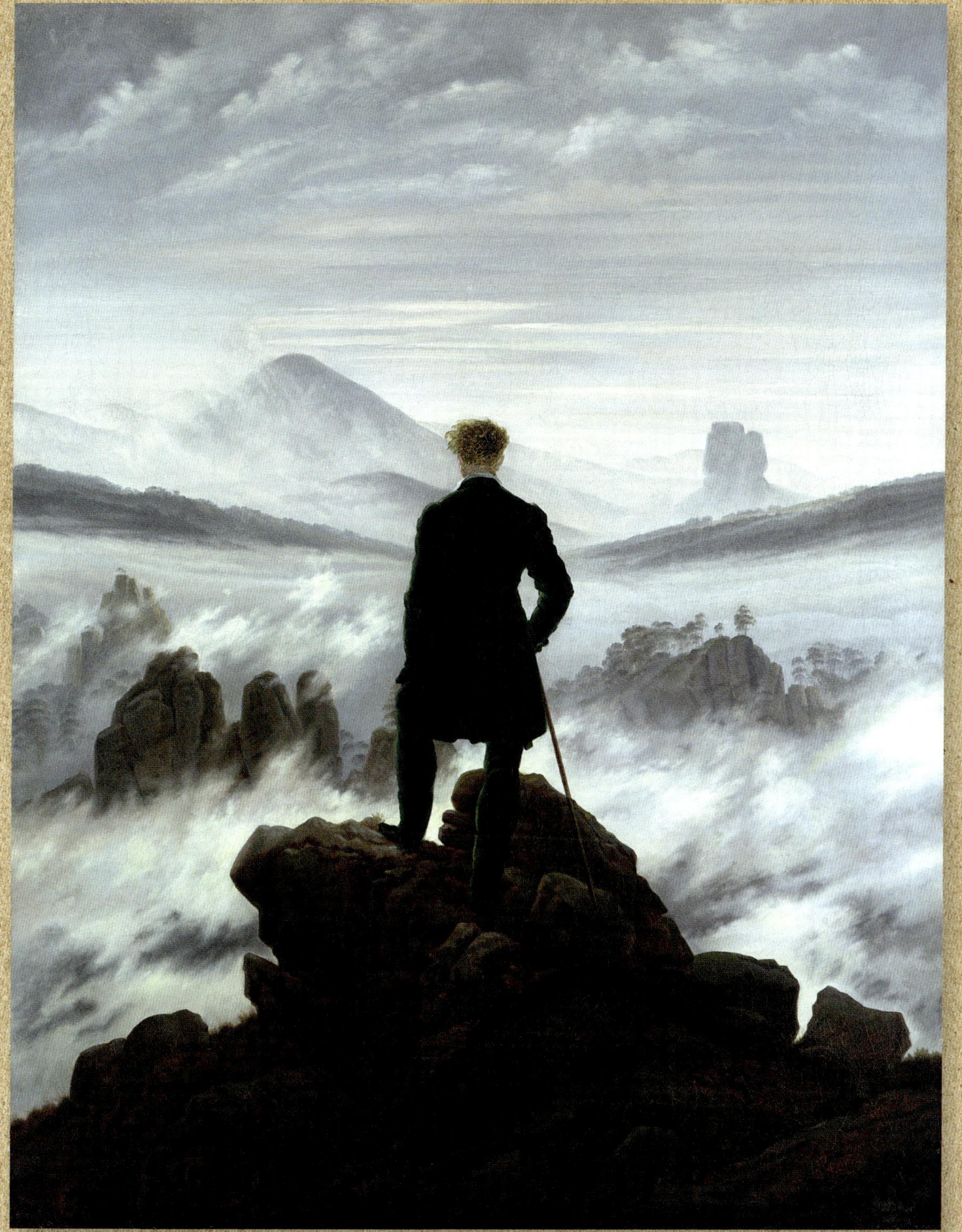

1768
Die Royal Academy wird durch eine königliche Gründungsurkunde als Gesellschaft zur Förderung der Zeichenkunst gegründet.

1769–1790
Der erste Präsident, Joshua Reynolds, veröffentlichte seine *15 Discourses on Art*, in denen er sich gegen realistische Malerei wendete, und betonte, dass Maler durch das Studium der alten Meister, Abgüsse antiker Kunstwerke und Studien nach dem Leben zum Ausdruck einer idealen Form kommen sollten.

1769
Vom 25. April bis 27. Mai wird in Pall Mall die erste Ausstellung zeitgenössischer Kunst eröffnet.

1771
Die Akademie zieht ins Old Somerset House um, damals noch ein königlicher Palast.

1775
Der Architekt Sir William Chambers gewinnt die Ausschreibung für das neue Somerset House.

1780
Die Akademie bezieht ein speziell für sie entworfenes Gebäude mit Unterrichtsräumen, Bibliothek und einem Raum für die Sommerausstellung.

1837
Die Akademie zieht an den Trafalgar Square in das gleiche Gebäude, wie die neu gegründete National Gallery.

1860
Die Malerin Laura Herford wird die erste Studentin an der Royal Academy.

1867
Die Akademie bezieht das Burlington House in Piccadilly, wo sie sich auch heute noch befindet.

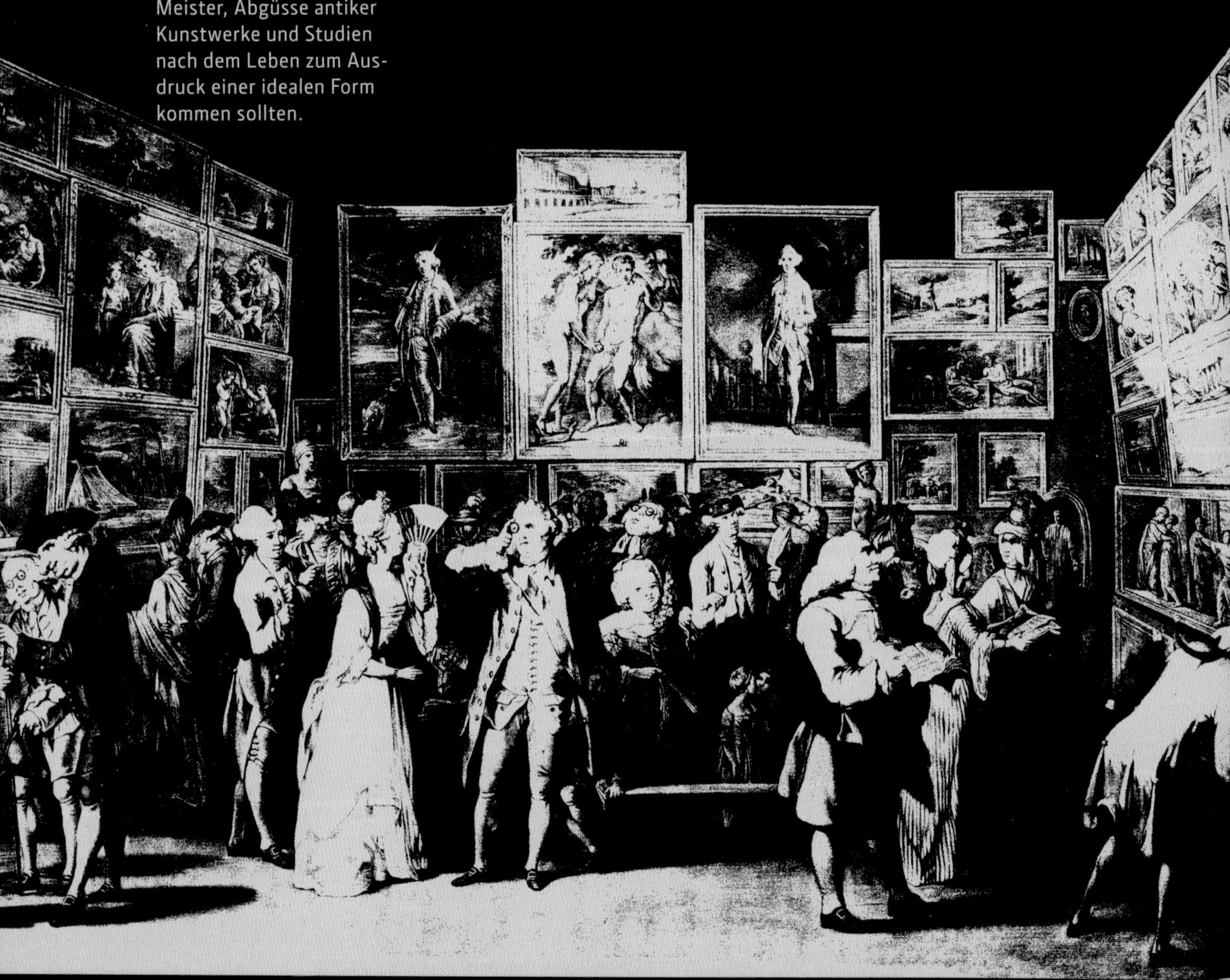

THE ROYAL ACADEMY OF ARTS, LONDON

Bis zur Mitte des 18. Jahrhunderts gab es in England weder eine staatliche Akademie zur Ausbildung von Künstlern noch einen Ausstellungsraum. Mit der 1768 zu diesem Zweck gegründeten Royal Academy verbesserten sich die Bedingungen für die englischen Künstler und das wachsende Publikum von Kunstliebhabern jedoch erheblich. Die jährliche Ausstellung der Royal Academy gehörte bald zu den gesellschaftlich wichtigsten Ereignissen Londons.

Die Academy begann in gemieteten Räumen in Pall Mall, zog jedoch bald um in speziell für ihre Zwecke gebaute Räume im Somerset House am Strand. Dort residierte sie bis 1837, als sie zum Trafalgar Square umzog. Im Somerset House befanden sich Räume für Lehrveranstaltungen, eine Bibliothek und ein Raum für die Skulpturensammlung. Im Frühling und Sommer fanden Ausstellungen in der Dachgalerie, speziell im Great Room statt, wo die Gemälde dicht gedrängt die Wände bedeckten, bewundert von einer andächtigen Menge von Zuschauern, die einen Schilling Eintritt bezahlte. Die gern gelesenen Rezensionen wortgewaltiger Rezensenten entschieden hier über Ruhm oder Misserfolg von Künstlern.

Rasch wurde die Academy zu einer Brutstätte hervorragender englischer Kunst. In den jährlichen Ausstellungen präsentierten sich ehrgeizige Künstler, die sich sowohl um den Beifall des Publikums als auch der Kritiker bewarben. Hervorragende Werke von hoher technischer Qualität zogen die Aufmerksamkeit des Publikums auf sich, wenn auch später J. M. W. Turner mit seinem kühnen Farbgebrauch und Bravura-Benutzung der Maltechniken auch verdächtigt wurde, mit diesen Maltechniken vor allem die Aufmerksamkeit auf sich ziehen zu wollen.

Die Royal Academy trug erheblich zur Erhöhung des sozialen Ansehens von Kunst und Künstlern bei. Dadurch, dass sie faktisch das Ausbildungsmonopol für Künstler besaß, erhöhte sich die Anzahl der Bewerbungen jedes Jahr und stieg der Beruf des Künstlers schnell in gesellschaftlichem Ansehen. Auch heute noch ist die Academy der Mittelpunkt des künstlerischen Lebens in England, sowohl als Ausbildungszentrum als auch als öffentliche Galerie mit einem vielfältigen Ausstellungsprogramm über die gesamte Kunstgeschichte.

Sarah Moulden

DIE KATHEDRALE VON SALISBURY VOM GARTEN DES BISCHOFS AUS GESEHEN

JOHN CONSTABLE (1776–1837)

30-Sekunden-Kunst

Dieses Gemälde zeigt die Kathedrale von Südwesten, deren berühmte Turmspitze (die höchste Englands) in einen blauen Wolkenhimmel ragt. Im Vordergrund wird die Szene von Zweigen eingerahmt, in deren Schatten Kühe grasen. Links geht ein gut situiertes Ehepaar – der Bischof und seine Frau – den Weg hoch. Der Bischof zeigt auf die großartige Kathedrale, die sein Amtssitz ist. Mit seinen ausdrucksvollen Farben und genauer Beobachtung von Natur und mittelalterlicher Baukunst zeigt *Die Kathedrale von Salisbury* die ganze Palette an Qualitäten, die von zeitgenössischen Kritikern an der englischen Landschaftsmalerei so gerühmt wurde. Trotzdem gefiel das Werk nicht jedem, auch nicht dem Bischof, der es in Auftrag gegeben hatte. Eine dunkle Regenwolke rechts sollte auf seinen Wunsch hin entfernt und der Himmel sonniger werden. Constable gehorchte und schuf rasch zwei hellere Versionen: Eine schenkte er der Tochter des Bischofs zur Hochzeit, die andere behielt er für sich. Das Original wurde vom Neffen des Bischofs, John Fisher, gekauft, der es aber aus finanziellen Gründen an Constable zurückverkaufen musste.

3-SEKUNDEN-SKIZZE

Die Kathedrale von Salisbury inspirierte John Constable insgesamt 20 Jahre lang, er schuf dazu eine Serie von Zeichnungen und Gemälden.

3-MINUTEN-INFO

Constables Gemälde entsprachen dem damaligen Bedürfnis nach Abbildungen der mittelalterlichen Vergangenheit Englands. Die genaue Abbildung der berühmten architektonischen Details bereitete dem Maler aber zunächst große Mühe. Dass er trotzdem mit dem Resultat zufrieden war, zeigt seine Bemerkung: „Meine Kathedralen sehen gut aus. Diese hier ist mir ungewöhnlich gut gelungen, wenn man bedenkt, wie ich mich davor gefürchtet habe!"

DETAILS

Ölfarbe auf Leinwand, 1823
87,6 x 111,8 cm
Victoria & Albert Museum, London

3-SEKUNDEN-BIOGRAFIE

JOHN FISHER
1788–1832
Hatte großen Einfluss auf Constables Entwicklung hin zu den großen, beeindruckenden Landschaftsbildern, für die er heute berühmt ist.

30-SEKUNDEN-TEXT

Sarah Moulden

Dies ist eines von sechs Gemälden der Kathedrale von Salisbury durch Constable.

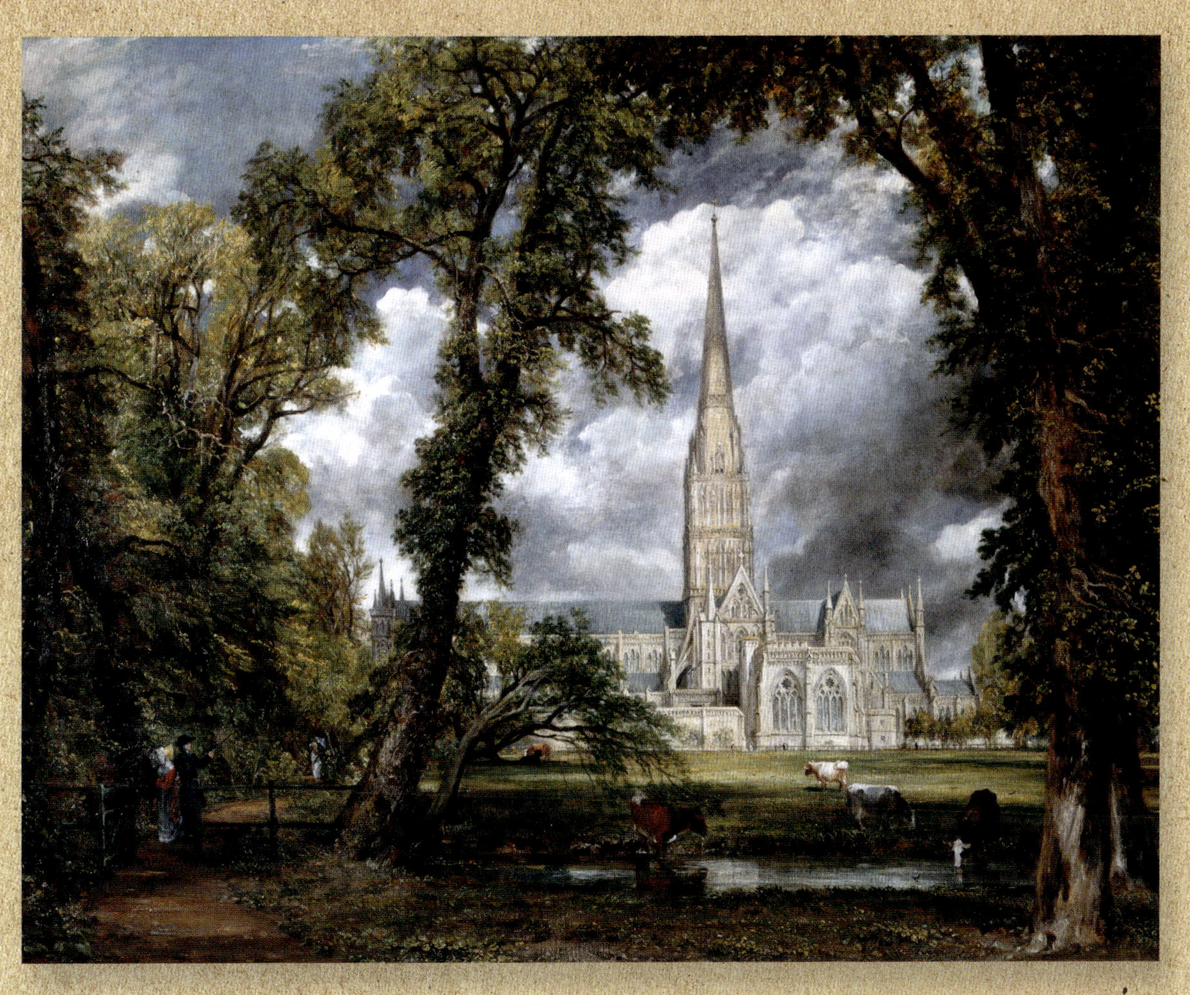

REGEN, DAMPF UND GESCHWINDIGKEIT – THE GREAT WESTERN RAILWAY

J. M. W. TURNER (1775–1851)

30-Sekunden-Kunst

Ein Dampfzug fährt auf einer dramatisch verlängerten Schienenstrecke zum Bildrand hin. Die verschwommenen Umrisse der Wagen suggerieren ein rasendes Tempo. Wie der Titel besagt, ist die Geschwindigkeit des Zugs, unbehindert vom Wetter, Thema des Bildes. Die Geschwindigkeit wird durch die kühne Ausführung formal unterstrichen. Die Farben hüllen in Wirbeln und Flecken den Zug ein, dessen helle Lampen Schleier aus Regen, Nebel und Dampf beleuchten. Am Bildrand rechts unten schießt, kaum erkennbar, ein Hase (Symbol für Geschwindigkeit) über die Schienen. Sowie hier der Zug kraftvoll durch die Natur pflügt, trifft Modernität auf Natur. Trotz der malerischen Verschwommenheit lässt sich der Ort des Zuges genau identifizieren: Es ist der Maidenhead Viadukt, eine damals neue Brücke über die Themse zwischen Taplow and Maidenhead. Sie war Teil des Great Western Railway, damals das kühnste Eisenbahnprojekt des Landes. *Regen, Dampf und Geschwindigkeit* wurde von den Kritikern in der Royal Academy 1844 sehr unterschiedlich beurteilt. Der *Morning Chronicle* war zugleich verblüfft und entzückt von Turners Technik und beschrieb das Werk als der „verrückteste und zugleich großartigste Beitrag" des Malers zur Ausstellung jenes Jahres.

3-SEKUNDEN-SKIZZE

Regen, Dampf und Geschwindigkeit versinnbildlichen die „Modernität" der Generation Turners: Das Zusammenprallen von Industrie und Natur, was – wie man hier sieht – zu dramatischen visuellen Effekten führen konnte.

3-MINUTEN-INFO

In den 1840er Jahren brach eine wahre Begeisterung für Dampfzüge aus. Brunels Great Western Railway wurde besonders berühmt. Zu den Wundern der Technik gehörte auch der Maidenhead Viaduct mit seinen Ziegelbögen, über den Turners Zug fährt. Drei Jahre vor Vollendung des Gemäldes entgleiste eine Lokomotive zehn Meilen vor dem Viadukt, wobei acht Passagiere ums Leben kamen. Dieser aktuelle Anlass brachte Turner vielleicht dazu, diesen Ort zu wählen.

DETAILS

Ölfarbe auf Leinwand
91 x 121,8 cm
National Gallery, London

3-SEKUNDEN-BIOGRAFIE

ISAMBARD KINGDOM BRUNEL
1806–1859
Chefingenieur und Pionier des Great Western Railway, entwarf zahlreiche Brücken, Tunnel, Schiffswerften, Bahnhöfe und Schiffe.

30-SEKUNDEN-TEXT

Sarah Moulden

In Turners dramatischem Gemälde bahnt sich ein rasender Dampfzug seinen Weg durch die idyllische Landschaft.

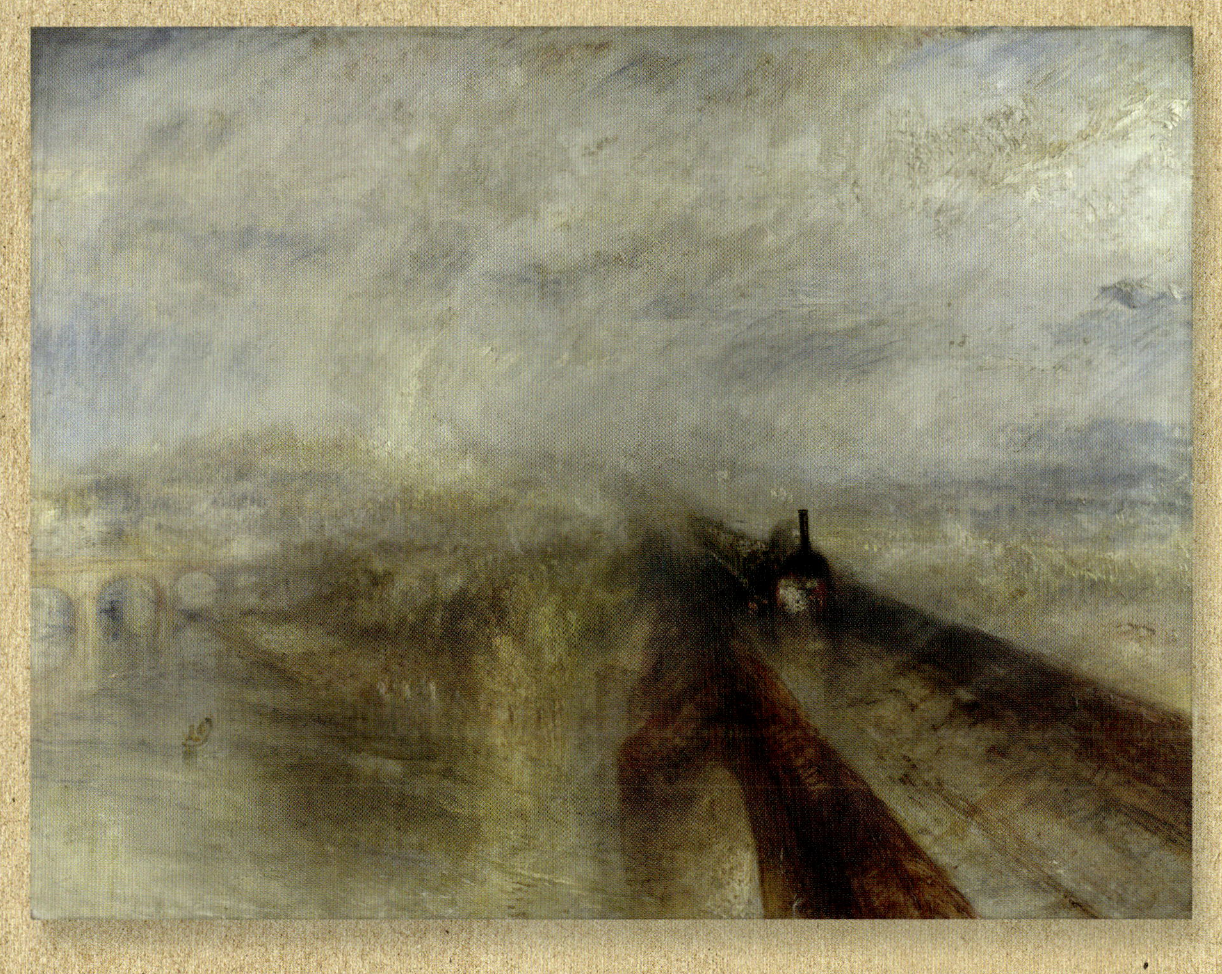

REALISMUS, IMPRESSIONISMUS UND POST-IMPRESSIONISMUS

REALISMUS, IMPRESSIONISMUS UND POST-IMPRESSIONISMUS
GLOSSAR

Akademische Kunst Malerei, die den Konventionen und Prinzipien der offiziellen Akademien für Malerei und Bildhauerei vom 17. bis zum 19. Jahrhundert folgt, zum Beispiel die Royal Academy in London oder die Académie des Beaux-Arts in Paris.

Avantgarde Bewegungen, die die Orthodoxie und Traditionen in Kunst, Kultur und Gesellschaft in Frage stellen. Avantgarde in der Kunst zeigt sich in radikalen Positionen, Aktionen oder im innovativen Gebrauch von Materialien oder Techniken.

Freilichtmalerei (*en plein air*) Malerei im Freien, meistens in der Natur. Die Freilichtmalerei entwickelte sich im 19. Jahrhundert und war vor allem bei den Impressionisten sehr beliebt.

Facture Der persönliche Stil eines Künstlers im Umgang mit seinem Medium.

Gießen Die Fertigung einer Skulptur oder eines anderen dreidimensionalen Objekts durch Gießen von flüssigem Metall – oft Bronze – in eine Gussform. Beim Abkühlen härtet sich das Metall und der Abguss (die Skulptur) kann aus der Gussform entfernt werden.

Holzschnitt Eine Druckvorlage, bei der die Darstellung als Relief in Holz geschnitzt wird. Der in Farbe getränkte Block wird auf das Papier oder Gewebe gedrückt und ergibt ein Spiegelbild der Darstellung.

Impressionismus In Frankreich in den 1870er Jahren entstandene Stilrichtung in der Malerei. Den impressionistischen Künstlern (Monet, Renoir und Manet) ging es um die Darstellung der wechselnden Effekte von Licht auf Farbe und Form.

Modernismus Sammelbegriff für Künstler und Strömungen ab der Mitte des 19. Jahrhunderts bis zu den 60er Jahren des 20. Jahrhunderts, die die Kunst mittels neuer Verfahren, Themen und Formen erneuern wollten. Manchen dieser Künstler ging es vor allem um die Verbindung von Kunst mit Alltag und um den gesellschaftlichen Wandel, den Kunst auslösen sollte. Andere beschäftigten sich mehr mit den formalen und materiellen Qualitäten ihres Mediums, was zu einer abstrakten Kunst führte.

Motiv Der Gegenstand oder das typische Element einer Komposition oder eines Entwurfs eines Gemäldes.

Narrativ Die von einem Kunstwerk übermittelte Geschichte.

Nocturne *Nachtstück*. Dieser musikalische Begriff wird auch Gemälden oder nächtlichen Szenen zugeordnet.

Palette Das Holzbrett, auf dem der Künstler seine Farben aufträgt und mischt. Der Begriff wird auch für das Farbspektrum eines Gemäldes verwendet.

Pariser Salon Die jährliche offizielle Ausstellung der Académie des Beaux-Arts in Paris, sowie andere öffentliche Ausstellungen von Malerei in Frankreich im späten 18. und 19. Jahrhundert. Progressive Künstler, wie die Impressionisten, hielten die Salons für zu konservativ und gründeten ab 1860 alternative Salons.

Post-Impressionismus Allgemeiner Begriff für progressive Künstler nach dem Impressionismus im späten 19. und frühen 20. Jahrhundert, wie Cézanne, van Gogh und Gauguin. Der Begriff selbst wurde 1910 vom britischen Kunstkritiker Roger Fry durch den Titel einer Ausstellung geprägt.

Stillleben Eine Form der Malerei, bei der unbelebte natürliche oder andere Objekte in einer bestimmten Anordnung dargestellt werden. Ursprünglich wurden solche Objekte wegen ihrer symbolischen Bedeutung abgebildet. Moderne Künstler wollen mit an und für sich neutralen Objekten jedoch bestimmte formale Qualitäten ihrer Werke hervorheben.

Tympanon Die Fläche vor einem Portal, die durch einen Bogen oder Rahmen geformt wird.

DAS BLINDE MÄDCHEN
SIR JOHN EVERETT MILLAIS (1829–1896)

30-Sekunden-Kunst

Dieses Gemälde stellt in lebhaften Farben ein armes blindes Mädchen mit seiner Schwester dar, die sich kurz nach einem Gewitter ausruhen. Die Darstellung bildet einen direkten Kommentar zur viktorianischen Einstellung gegenüber Behinderung und Landstreicherei. Millais war ein Wunderkind und besuchte die Royal Academy bereits im Alter von 11 Jahren. 1848 gründete er mit seinen Künstlerkollegen William Holman Hunt (1827–1910) und Dante Gabriel Rossetti (1828–1882) die präraffaelitische Bruderschaft, mit der er die Prinzipien und den Einfluss der Academy auf die Kunst des 19. Jahrhunderts herausfordern wollte. Das Schildchen „Habt Mitleid mit einer Blinden" und das Akkordeon auf dem Schoß sollen das Elend und die Abhängigkeit des Kindes von Wohltätigkeit betonen. Der doppelte Regenbogen erhöht die Dramatik der Szene: Während ihre kleine Schwester sich umdreht, um den Regenbogen zu bewundern, kann die Blinde ihn nicht sehen. Das Gemälde enthält aber viele Symbole und Anspielungen, die auf die Sensibilität ihrer anderen Sinnesorgane hinweisen. Während sie in Stille versunken dasitzt, hört sie die Krähen und Kühe im Feld. Sie hält ihr Gesicht der wärmenden Sonne entgegen und riecht den Regen und das Gras nach dem Sturm. Mit der einen Hand streichelt sie einen Grashalm, mit der anderen hält sie die Hand ihrer Schwester fest.

3-SEKUNDEN-SKIZZE
Mit dem ausdrücklichen Kontrast zwischen der Wahrnehmung der idyllischen ländlichen Umgebung durch den Betrachter und der Blindheit des Mädchens regt Millais zur Reflexion über die Wahrnehmung selber an.

3-MINUTEN-INFO
Die präraffaelitische Bruderschaft wurde im September 1848 im Hause von Millais in der Gower Street in London gegründet. Die Mitglieder lehnten die Doktrin der Royal Academy ab, nach der Raffael als ultimes Vorbild der Malkunst zu betrachten sei. Stattdessen orientierten sich die Präraffaelitisten an früheren Malern wie Giotto, Jan van Eyck und Fra Angelico. Sie vertraten eine spirituell orientierte Kunst mit klaren Linien und reinen Farben. Die Präraffaelitisten werden als erste englische Avantgarde-Gruppe betrachtet.

DETAILS
Ölfarbe auf Leinwand, 1856
82,6 x 62,2 cm
Birmingham Museum and Art Gallery

3-SEKUNDEN-BIOGRAFIE
JOHN RUSKIN
1819–1900
Ruskin gehörte zu den einflussreichsten viktorianischen Kritikern. Er war schon früh ein überzeugter Anhänger der Präraffaeliten, deren Naturtreue er besonders lobte.

30-SEKUNDEN-TEXT
Maria Alambritis

Der Schmetterling auf der Kapuze des blinden Mädchens symbolisiert ihre stille Konzentration und Wahrnehmung.

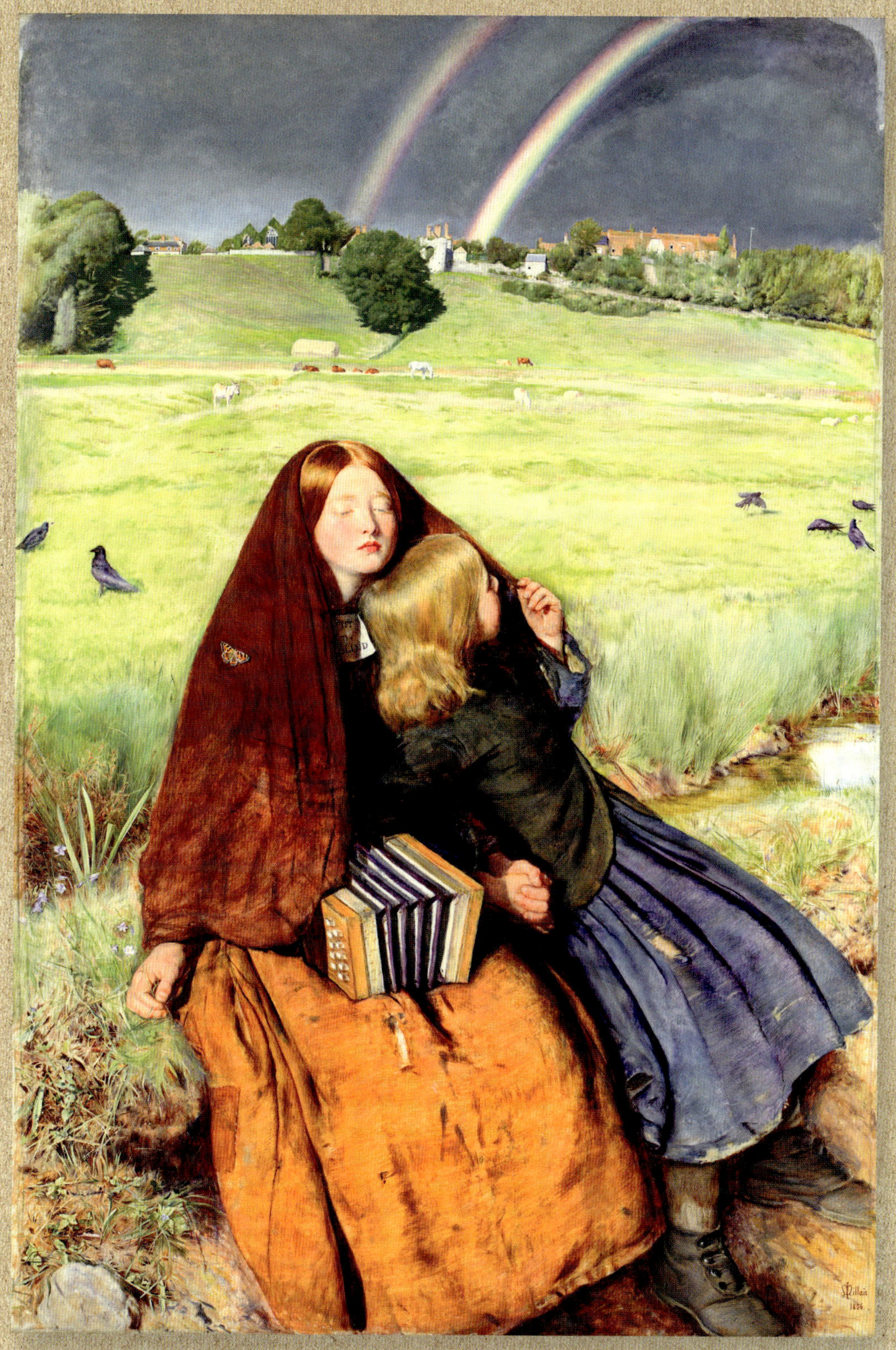

DER DENKER

AUGUSTE RODIN (1840–1917)

30-Sekunden-Kunst

Diese Plastik trug ursprünglich den Namen *Der Poet* und sollte Rodins *Höllentor* krönen, ein Auftrag für ein Bronzeportal für das Museum der dekorativen Künste in Paris. Obwohl das Portal während Rodins Leben nicht gegossen wurde, hat er im Lauf seiner Karriere immer wieder an verschiedenen individuellen Gestalten gearbeitet und sie ausgestellt. Der Denker wurde zum ersten Mal 1888 ausgestellt. Zu einem der berühmtesten Werke Rodins und der europäischen Kunstgeschichte überhaupt wurde er jedoch erst, nachdem Rodin die Plastik 1903 vergrößert hatte. Sie wurde oft und in zahllosen Versionen kopiert. Obwohl Rodin die griechische Antike und italienische Renaissance bewunderte, wollte er keine idealisierten mythologischen Figuren darstellen, wie sie vom damaligen Kunst-Establishment bevorzugt wurden. Stattdessen ging es ihm um eine realistische Darstellung des menschlichen Körpers, wobei der Ausdruck der inneren Empfindungen des Individuums ihm das Allerwichtigste war. Das *Höllentor* wurden von Dante Alighieris *Göttlicher Komödie* inspiriert. Die Statue stellt den Poeten selber dar, sinnierend über sein Werk, während die Verdammten durch die Hölle schweben. Gebeugt in tiefem Nachdenken stellen die zerfurchte Stirn und der kraftvolle Körper eine Verkörperung des menschlichen Ringens mit den tiefsten Fragen seiner Existenz dar.

3-SEKUNDEN-SKIZZE

Der Denker hat keinen narrativen Kontext und widersetzt sich damit der Deutung. Stattdessen fasziniert uns das unsichtbare Drama in seinem Geist.

3-MINUTEN-INFO

Der Denker war ursprünglich eine kleine ca. 70 cm hohe Figur. Rodin fertigte von dieser Plastik Abgüsse in verschiedenen Haltungen, Größen und Materialien an. Hiermit entwickelte er eine neue Art der Bildhauerei, wobei das Werk nicht statisch war, sondern vielen Deutungen offenstand. Die Nacktheit und monumentale Größe des *Denkers* sind von universaler und zeitloser Qualität. Rodin meinte selbst zu seinem Werk: „Ich wollte den Mann als Symbol der Humanität abbilden, als robuste Gestalt, wie ein Arbeiter."

DETAILS

Bronze, 1880 und später
Varianten

3-SEKUNDEN-BIOGRAFIE

DANTE ALIGHIERI
1265–1321
Italienischer Dichter, dessen bekanntestes Werk *La divina Commedia* den Protagonisten auf eine Reise durch Hölle, Fegefeuer und zum Schluss ins Paradies führt.

30-SEKUNDEN-TEXT

Maria Alambritis

Die Modellierung der kraftvollen Muskeln zeigt den Einfluss Michelangelos, den Rodin sehr bewunderte.

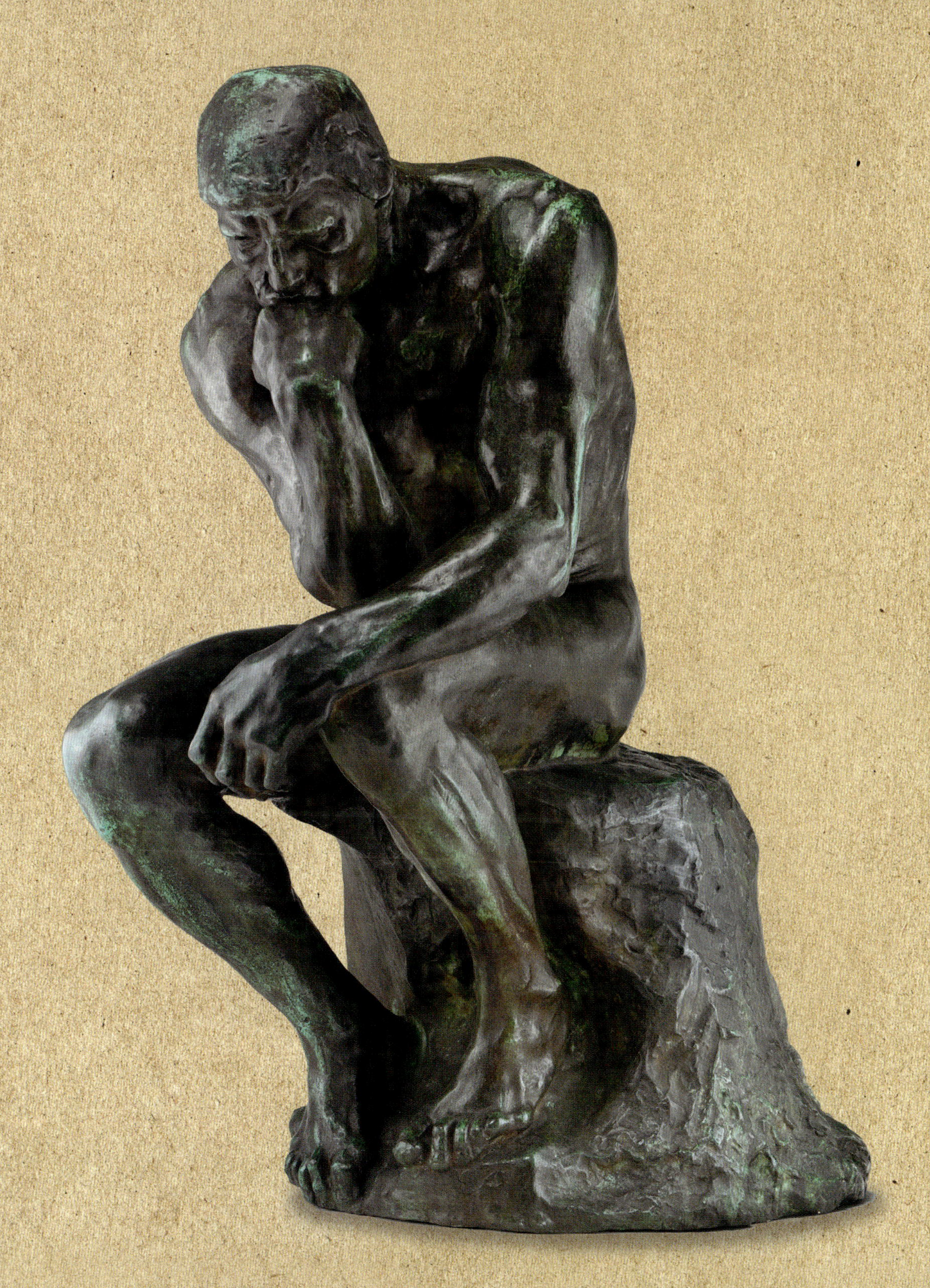

BAR IN DEN FOLIES-BERGÈRE
ÉDOUARD MANET (1832–1883)

30-Sekunden-Kunst

3-SEKUNDEN-SKIZZE
Der widersprüchliche Standpunkt des Betrachters und der doppeldeutige Gesichtsausdruck des Barmädchens ergibt ein verwirrendes Gemälde, das auch die Rolle des Betrachters in Frage stellt.

3-MINUTEN-INFO
Manet betrachtete die Malerei als Spiegel des modernen Lebens und er wehrte sich gegen das Kunst-Establishment, das die Renaissance und Klassische Antike immer noch als Vorbild setzte. Manet trennte sich von der traditionellen Maltechnik mit ihren Farbschattierungen, korrekter Komposition und Perspektive. Stattdessen malte er kühne Farbflächen, starke Kontraste und verzichtete auf Tiefenwirkungen.

Dieses kurz vor seinem Tod fertiggestellte Gemälde ist eines van Manets Meisterwerken innerhalb einer Reihe von Gemälden, in denen er die festlichen Interieurs von Pariser Cafés, Varietétheatern und Bars am Ende des 19. Jahrhunderts darstellt. Manet brach mit den Konventionen akademischer Malerei und sorgte mit seinen ehrlichen und gewagten Darstellungen des Pariser Lebens oft für Skandale wegen der als „vulgär" und „geschmacklos" empfundenen Werke. Die Folies-Bergères mit ihren Prostituierten und anrüchigen Damen war damals eines der populärsten Varietétheater in Paris. Als Inbegriff des modernen Lebens zog es ein Publikum aus allen sozialen Schichten an. Auch avantgardistische Maler wie Manet, und Dichter wie Émile Zola und Stephane Mallarmé ließen sich von dieser Umgebung inspirieren. In diesem Gemälde treffen wir auf den unergründlichen Blick eines Barmädchens hinter einer Bar mit Marmorplatte, auf der Flaschen, Gläser und Obst wie in einem Stillleben angeordnet sind. Der Spiegel hinter ihr reflektiert das hell beleuchtete Theater voller festlich gekleideter Damen und Herren. Das Spiegelbild des Barmädchens sehen wir jedoch viel zu weit rechts. Dieser absichtliche Verstoß gegen die Regeln der Komposition und der Darstellung des Raumes ist typisch für Manet und zeigt sich hier in verblüffender Weise.

DETAILS
Ölfarbe auf Leinwand, 1881–1882
96 x 130 cm
Courtauld Gallery, London

3-SEKUNDEN-BIOGRAFIE
ÉMILE ZOLA
1840–1902
Französischer Schriftsteller und Kunstkritiker, einflussreichster Vertreter des literarischen Naturalismus und genauer Beobachter der oft anstößigen Realität des Pariser Lebens.

30-SEKUNDEN-TEXT
Maria Alambritis

Manets Fokus liegt auf dem Barmädchen und macht die Beine des Akrobaten in der oberen linken Ecke zu einem unwichtigen Detail.

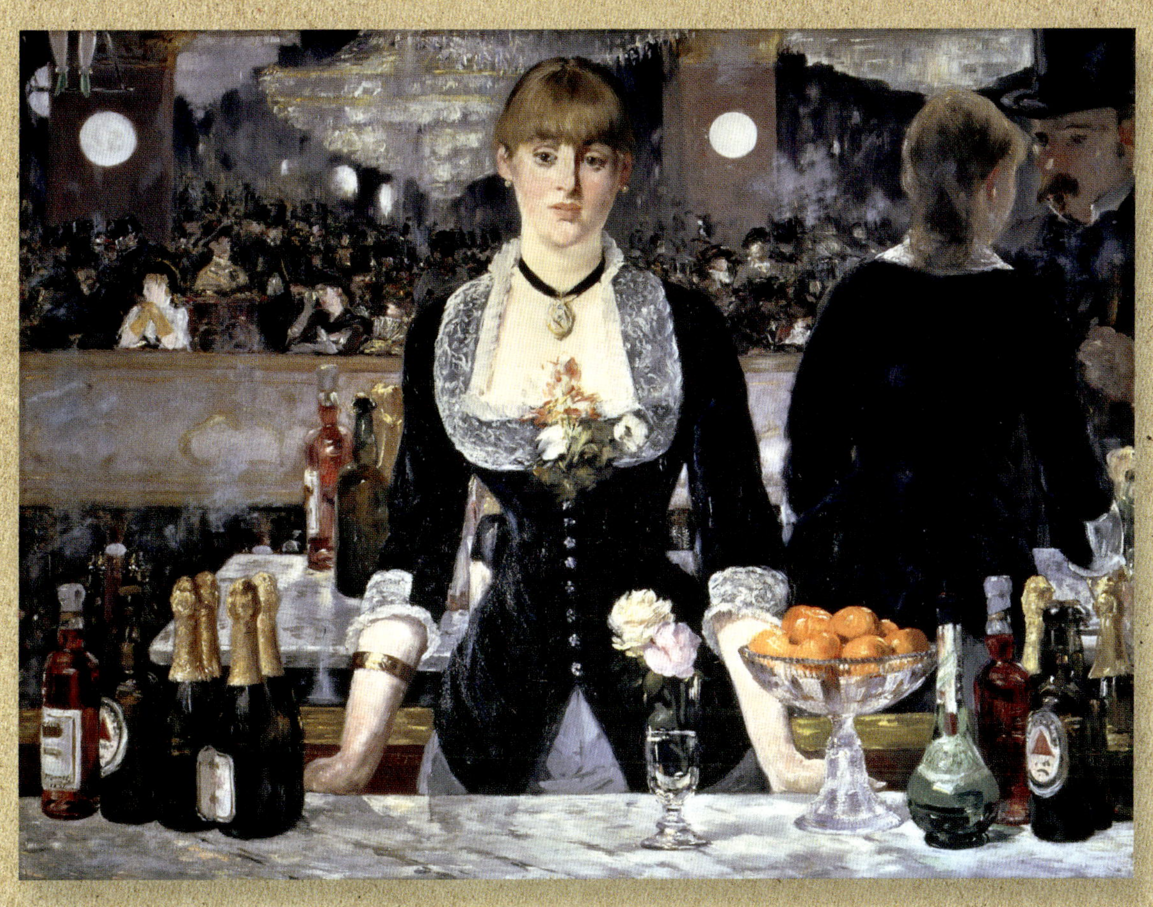

1821
Geboren am 9. April in Paris.

1839
Wird wegen schlechten Benehmens von der Schule verwiesen.

1841
Sein Stiefvater schickt ihn auf eine Seereise, um ihn vom ungesunden Leben im Pariser Quartier Latin abzuhalten.

1842
Kehrt nach Paris zurück und lernt dort Jeanne Duval kennen, eine auf Haiti geborene Kurtisane. Sie wird seine Geliebte und Vorbild für die *Schwarze Venus*-Gedichte in den *Fleurs du Mal* (Die Blumen des Bösen).

1843
Nachdem Baudelaire sein Erbe durchgebracht hat, fängt er an Schulden zu machen.

1845
Veröffentlicht seine ersten Kunstkritiken als *Salon de 1845*, ein Jahresüberblick über den Salon, in dem er Eugène Delacroix besonders hervorhebt.

1846
Veröffentlicht *Salon de 1846*.

1848
Beginnt mit der Übersetzung der Werke von Edgar Allan Poe.

1857
Veröffentlicht *Les Fleurs du Mal* (Die Blumen des Bösen). Wird wegen Schamlosigkeit und Beleidigung der öffentlichen Moral angeklagt.

1867
Stirbt am 31. August.

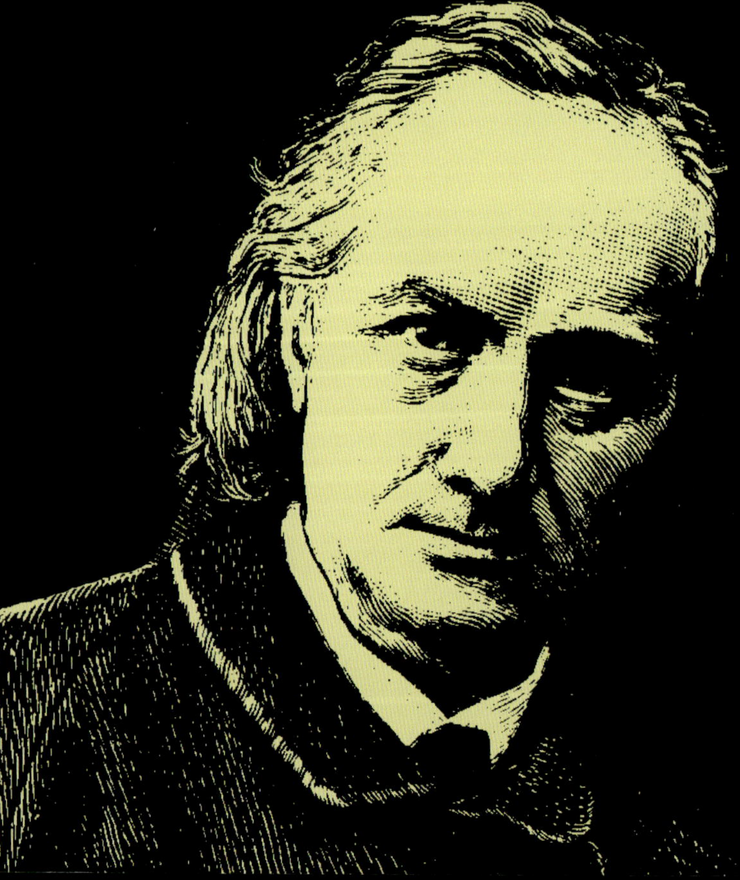

CHARLES BAUDELAIRE

„Der Maler, der echte Maler, wird dem heutigen Leben seinen epischen Aspekt abringen können und wird uns zeigen und verstehen lassen – in Farbe oder gezeichnet – wie groß und poetisch wir sind in unseren Krawatten und polierten Schuhen (*Salon de 1845*)."

Charles Baudelaire lebte in Frankreich in einer chaotischen Zeit voller politischer, kultureller und sozialer Umwälzungen. Er war Zeuge von der Revolution von 1848 und von dem Umsturz von 1851. In Gedichten und Kunstkritiken versuchte er, die Erfahrung des modernen Lebens über das Bild der Stadt selbst zu vermitteln.

Baudelaire wurde 1821 geboren und war schon in jungem Alter fasziniert von der Malerei und ihrer Verbindung mit Sprache. Die flüchtigen Ereignisse des modernen städtischen Lebens waren für ihn ein Thema voller heroischer und poetischer Qualitäten, das die Kunst zum Ausdruck bringen sollte.

Baudelaire empfand die Schönheit der Massen auf den Boulevards, in den Bars, Cafés und Theatern von Paris. In seinem einflussreichen Essay *Le peintre de la vie moderne* (Der Maler des modernen Lebens, 1863) beschrieb er seine Theorie des archetypischen modernen Künstlers als *Flâneur*: Der gut gekleidete, voyeuristische Dandy, der durch die Straßen von Paris schlendert, Szenen und Blicke in sich aufnimmt, aber immer auf Distanz bleibt. Dieser Essay wurde oft mit den in den folgenden Jahrzehnten gemalten impressionistischen Kunstwerken in Verbindung gebracht.

Baudelaires wichtigste Gedichtsammlung Les *Fleurs du Mal* (Die Blumen des Bösen, 1857) brachte seine Ästhetik zum Ausdruck, nach der Schönheit nicht in einem Idealbild zu finden oder an moralische Auflagen gebunden sei, sondern sich in den gerade aktuellen jeweiligen Eindrücken des Beobachters manifestiere. Baudelaires Gedichte zeigen auch seine Faszination für Synästhesie, die Mischung von Sinneseindrücken. Die Anklage wegen Unmoral und öffentlicher Beleidigung, die auf seine poetischen Beschwörungen der Freuden von Lust, Alkohol und Narkotika in der Pariser Nachtwelt folgte, führten zu seinem Ruf eines verdorbenen und dekadenten Dichters.

Heute werden Baudelaires Schriften als grundlegend für die Entwicklung des modernistischen Denkens betrachtet, weil sie den aktuellen zeitgenössischen Alltag zur eigentlichen Aufgabe von Dichtung und Malerei erheben.

Maria Alambritis

STERNENNACHT

VINCENT VAN GOGH (1853–1890)

30-Sekunden-Kunst

Die Natur war für van Gogh lebenslang eine seiner wichtigsten Inspirationsquellen. Höhepunkt seiner Naturdarstellungen ist eine Serie von Landschaftsbildern, die er 1889 als Bewohner des Saint-Rémy Sanatoriums bei Arles in Südfrankreich malte. Auf der Suche nach der Einmaligkeit der provenzalischen Nacht zeigt van Gogh in *Sternennacht* ein stilles Städtchen, umgeben von Zypressen und sanften Hügeln unter einem wogenden Himmel mit Sternen und leuchtenden Wolken. Van Goghs frühen niederländischen Landschaften waren in schwarzen und erdigen Braunfarben gemalt. Seine Übersiedlung nach Paris im Jahre 1886 führte jedoch zu großen Veränderungen in seinem Malstil. Unter dem Einfluss von Avantgarde-Malern, wie dem mit ihm befreundeten Paul Gauguin, hellte sich seine Palette auf und er begann mit Strukturen und Formen zu experimentieren. Als die rasende Geschwindigkeit des Pariser Lebens van Goghs physischer und psychischer Gesundheit zu schaden begann, zog er in den Süden Frankreichs. Während seines Aufenthalts in Saint-Rémy faszinierten ihn nächtliche Aussichten, wie dieser Ausblick aus seinem Zimmer, von wo aus er einen ungestörten Blick auf die Sterne hatte. In *Sternennacht* zeigt van Gogh einige seiner Lieblingsmotive – Sterne und Dämmerung – in einer sogar von ihm selten erreichten emotionalen Intensität.

3-SEKUNDEN-SKIZZE

Van Gogh erkundet hier das Farbpotenzial zur Darstellung der Nacht. Mit kurzen, schnellen, parallelen Strichen erzeugt er einen turbulenten, wirbelnden Sternenhimmel.

3-MINUTEN-INFO

Sternennacht entstand nicht vor Ort, sondern zeigt eine Reihe von van Goghs häufigsten Landschaftsmotiven, wie die Zypressen, die Hügel der Alpilles und den aufgehenden Mond. Indem er diese Elemente mit ihrer kraftvollen symbolischen Wirkung miteinander kombinierte – Zypressen stehen für Tod, Sterne für Ewigkeit – zeigt uns van Goghs wunderbare Nocturne die Bedeutung, die Natur und der Sternenhimmel für ihn hatten.

DETAILS

Ölfarbe auf Leinwand, 1889
73,7 x 92,1 cm
Museum of Modern Art, New York

3-SEKUNDEN-BIOGRAFIE

PAUL GAUGUIN
1848–1903
Zog 1888 zu van Gogh nach Arles und arbeitete dort kurzzeitig mit ihm zusammen. Nach einem Streit schnitt sich van Gogh ein Ohrläppchen ab.

30-SEKUNDEN-TEXT

Maria Alambritis

Der Kirchturm in der Mitte des Gemäldes ist eher niederländisch als provenzalisch.

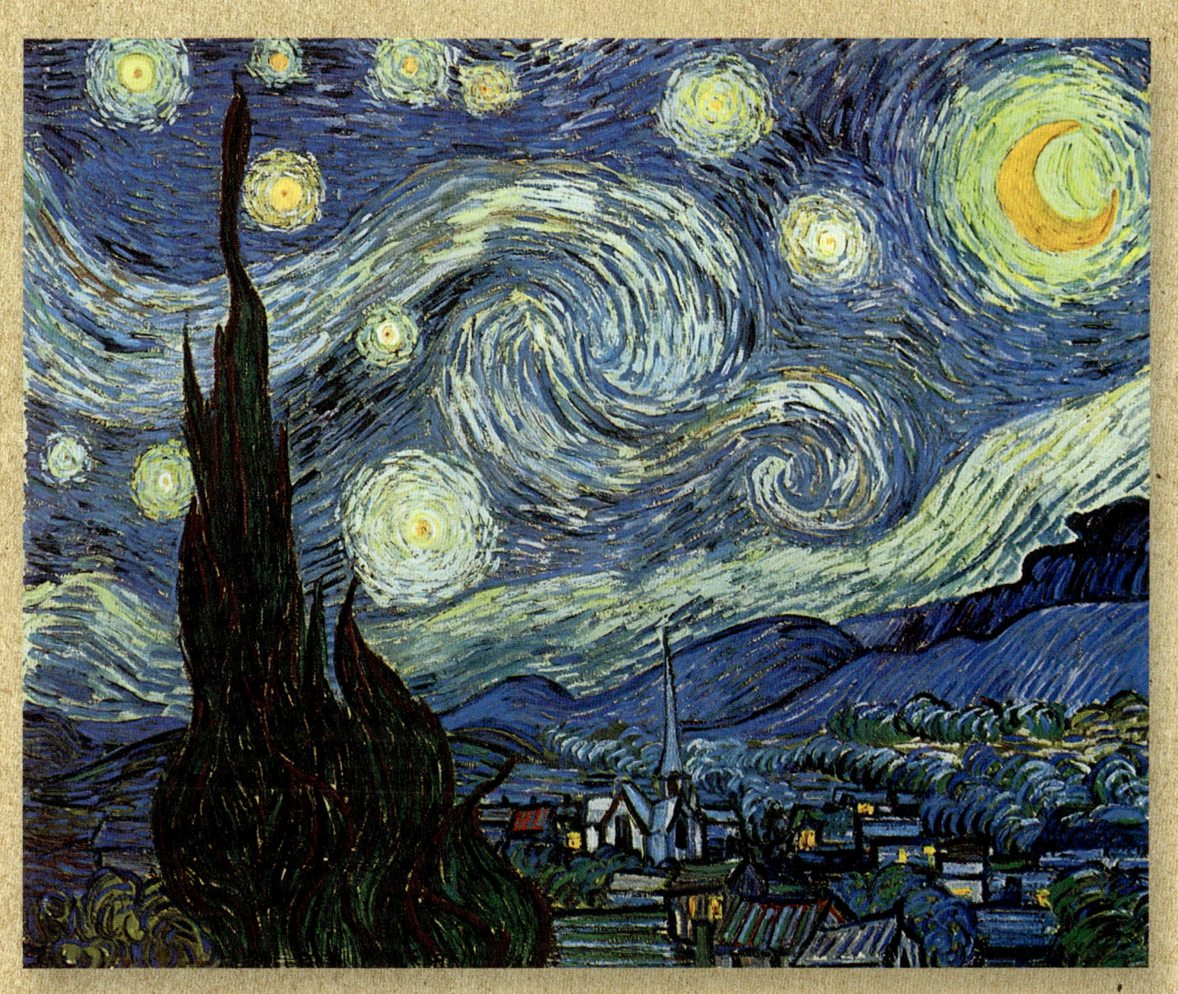

DAS BAD

MARY CASSATT (1844–1926)

30-Sekunden-Kunst

Obwohl es im späten 19. Jahrhundert viele weibliche Künstler gab, blieben sie von Historikern oft unbemerkt. 1877 wurde Mary Cassatt von Edgar Degas eingeladen, nicht im jährlichen Pariser Salon, sondern zusammen mit den Impressionisten auszustellen. So wurde Cassatt die einzige amerikanische Künstlerin, der mit dieser Gruppe zusammenarbeitete. Später meinte sie dazu: „Endlich konnte ich wirklich unabhängig arbeiten, ohne mich um das eventuelle Urteil einer Jury zu kümmern… Ich hasste die konventionelle Kunst. Ich begann zu leben." Die Arbeit mit den Impressionisten ermöglichte Cassatt, ihr Lieblingsthema zu verfolgen: moderne Frauen in verschiedenen Umgebungen, zu Hause, im Garten, im Theater. Zwischen 1888 bis 1914 konzentrierte sie sich vor allem auf Mutter und Kind. Sie vermied idealisierte Darstellungen und porträtierte Mütter als lebenstüchtige und selbstständige Frauen. In dieser Szene stellt Cassatt eine intime Szene zwischen Mutter und Kind dar, wobei die Mutter das Kind auf dem Schoß hält und seinen Fuß sanft ins Wasser drückt. Das Kind hält sich am Bein seiner Mutter fest. Der höhere Standort des Betrachters verstärkt das Gefühl der Intimität, indem er die Aufmerksamkeit des Betrachters auf die beiden nach unten blickenden Figuren lenkt, was die Intimität dieser Szene betont.

3-SEKUNDEN-SKIZZE

Die emotionale Beziehung zwischen Mutter und Kind zeigt sich hier im vielfältigen Kontakt zwischen den Figuren, die beide auf das Bad gerichtet sind.

3-MINUTEN-INFO

Die Kontraste zwischen den breiten und flachen Farbflächen des Körpers, dem Handtuch, Becher, der Tapete, dem Teppich und dem Ladenschrank zeigen den Einfluss der japanischen Ukiyo-e Holzschnitte auf Cassatts Werk. Die lebensnahe Szene zeigt auch, wie die Künstlerin einen privaten Moment mit geradezu fotografischer Spontaneität festhält. Die Fotografie übte zu dieser Zeit bereits einen enormen Einfluss auf die visuellen Künste aus.

DETAILS

Ölfarbe auf Leinwand, 1893
100 x 66 cm
Art Institute of Chicago

3-SEKUNDEN-BIOGRAFIE

EDGAR DEGAS
1834–1917
Maler und großes Vorbild für Cassatt, der sie mit seinen Szenen aus dem modernen Leben, unkonventionellen Kompositionen, Blickwinkeln und flüchtigen intimen Momenten sehr inspirierte.

30-SEKUNDEN-TEXT

Maria Alambritis

Indem das Kind die Hand auf das Bein seiner Mutter drückt, imitiert es diese Geste seiner Mutter mit seinem Fuß.

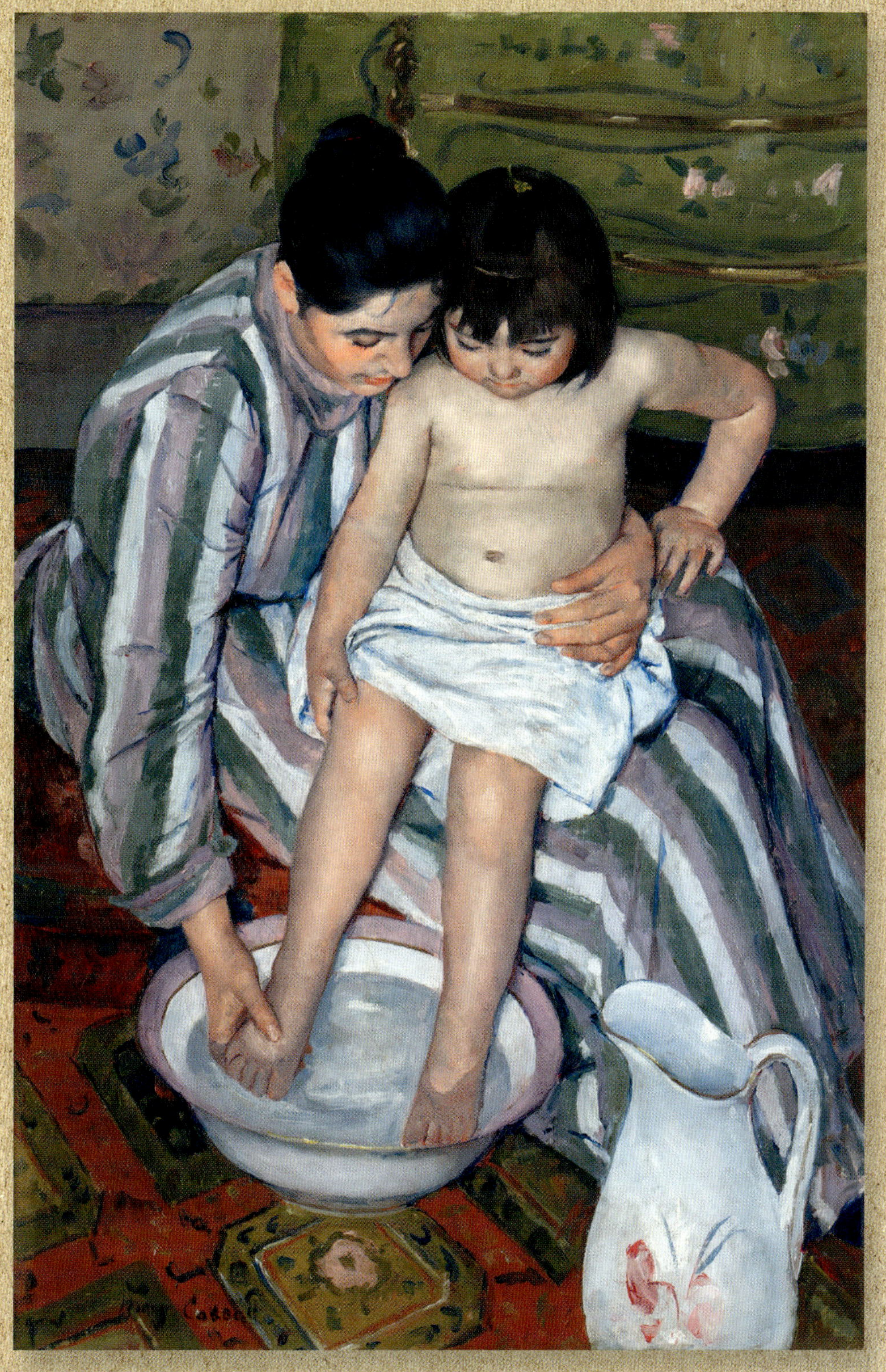

DIE KATHEDRALE IM MORGENLICHT

CLAUDE MONET (1840–1926)

30-Sekunden-Kunst

Monet gilt als der bekannteste Maler einer Künstlergruppe, die unter dem Namen Impressionisten bekannt wurden. Sie arbeiteten oft im Freien und versuchten die flüchtigen Qualitäten des Lichts und dessen Effekte auf Farben und Formen festzulegen. Monet war lebenslang von der Erscheinung eines Objekts zu verschiedenen Tageszeiten fasziniert. Dieses Gemälde der gotischen Kathedrale von Notre Dame in Rouen gehört zu einer Serie von Werken, in der er die Fassade der Kathedrale in den flüchtigen Effekten von Licht und atmosphärischen Bedingungen festhält. In einem Brief aus Rouen an seine Frau Alice, beobachtete Monet: „Alles verändert sich, auch wenn es aus Stein besteht." Monet besuchte Rouen zwei Mal: 1892 und 1893. Vom Geschäft eines Hutmachers gegenüber der Kathedrale aus arbeitete er an mehreren Gemälden gleichzeitig, von denen jedes die Kathedrale zu einer anderen Tageszeit wiedergibt. So kamen mehr als 30 Gemälde zustande, die er später in seinem Studio in Giverny zu einer einheitlichen Serie bearbeitete. In dieser Version sehen wir die Kathedrale am frühen Morgen, das Tageslicht sammelt sich bereits am Himmel und beleuchtet die höchsten Spitzen. Das Licht breitet sich entlang der Westfassade nach unten aus und verjagt die rot-violetten und dunklen Blautöne am Portal der Kathedrale.

3-SEKUNDEN-SKIZZE

Das eigentliche Thema ist hier nicht die Kathedrale von Rouen, sondern der Einfluss von Licht, Luft, Feuchtigkeit und Tageszeit auf die Erscheinung eines Objekts.

3-MINUTEN-INFO

Monet malte ab 1890 mehrere Motive in Serie, wie Getreidespeicher, Pappeln und die Charing Cross Bridge in London. Durch die Konzentration auf eine dramatische architektonische Form wurde die Serie über die Kathedrale von Rouen am berühmtesten. Monet wählte 20 Gemälde aus dieser Serie aus – worunter dieses – die im Mai 1895 in der Galerie des Kunsthändlers Paul Durand-Ruel ausgestellt wurden. Die Ausstellung war eine Sensation und die Bilder wurden als Inbegriff der Moderne betrachtet.

DETAILS

Ölfarbe auf Leinwand, 1894
100,3 x 65 cm.
J. Paul Getty Museum, Los Angeles

3-SEKUNDEN-BIOGRAFIE

PAUL DURAND-RUEL
1831–1922
Einer der wichtigsten Kunsthändler des späten 19. Jahrhunderts, der das Potenzial der Impressionisten erkannte und ihre Arbeit förderte.

30-SEKUNDEN-TEXT

Maria Alambritis

Die stark strukturierte Farboberfläche symbolisiert die Fassade der Kathedrale im frühen Morgenlicht.

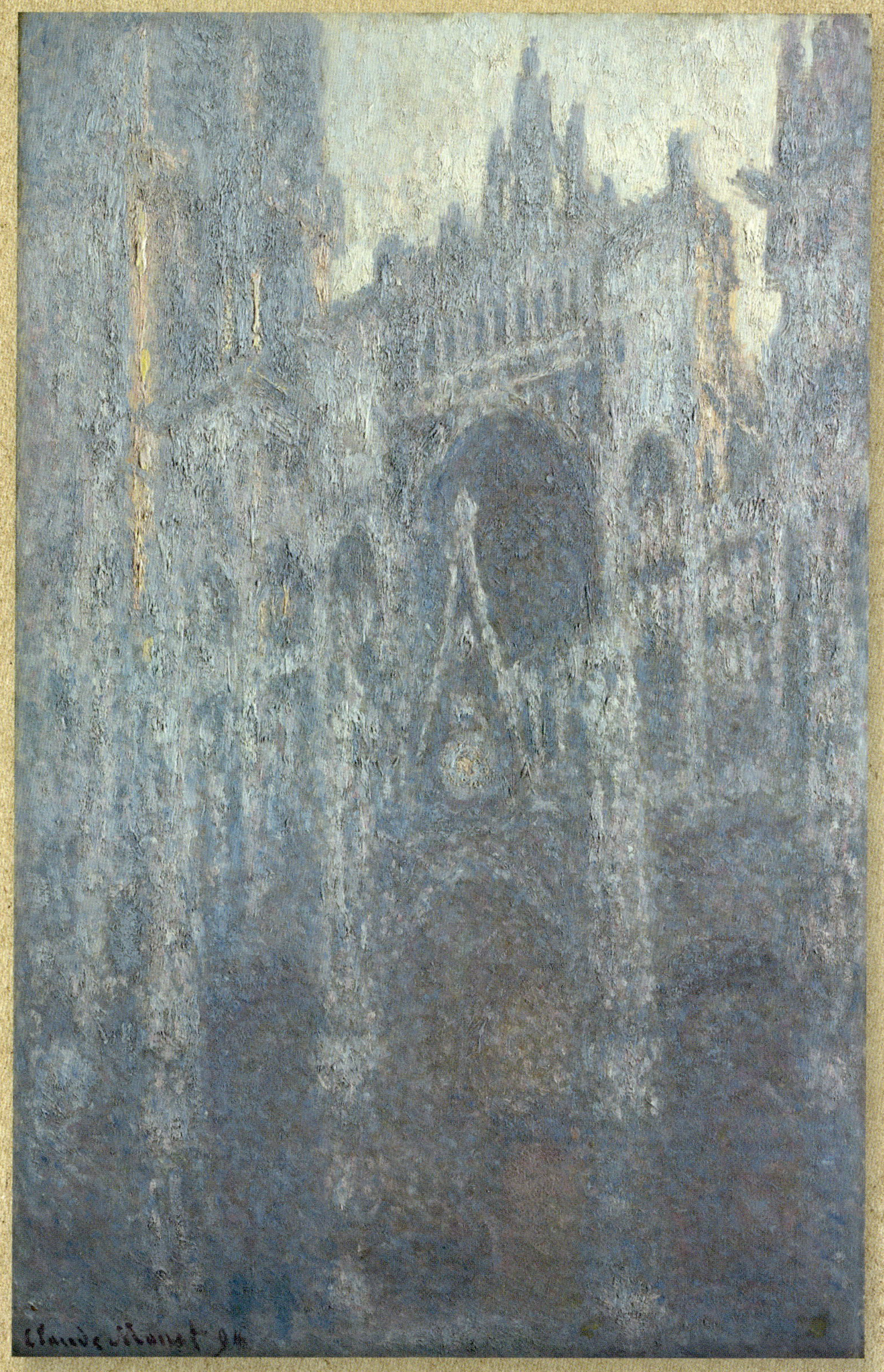

DIE KARTENSPIELER
PAUL CÉZANNE (1839–1906)

30-Sekunden-Kunst

Cézanne war der führende Maler der Post-Impressionisten und eine zentrale Figur in der weiteren Entwicklung der modernen Kunst. In diesem Werk entfernt er sich von der naturalistischen Wiedergabe von Farbe und Licht in den Werken der Impressionisten und konzentriert sich auf Struktur, Form und abstrakte kompositorische Qualitäten des Gemäldes. Die ab 1890 entstandene Serie von Gemälden, zu denen auch *Die Kartenspieler* gehören, gelten als ikonische Werke des Künstlers. Neben zahlreichen Studien und Skizzen vollendete Cézanne fünf Ölgemälde zu diesem Thema in verschiedener Größe, Figurenzahl und abgebildeter Umgebung. Obwohl Cézanne Bauern aus seiner Heimatstadt Aix-en-Provence als Modelle nahm, ging es ihm nicht um die Darstellung einer alltäglichen Szene. Der Nachdruck liegt nicht auf den Einzelheiten des Kartenspiels, sondern auf der Beziehung zwischen Körpern, Struktur und Farbe. Jede der Figuren konzentriert sich nur auf ihre Karten, sie interagieren nicht miteinander. Auf dem Tisch steht eine Flasche Wein, aber es gibt keine Gläser um sie leer zu trinken. Die Pfeife, Spielkarten und Jacken dienen als helle Elemente, die den warmen Ton des Bildes durchbrechen.

3-SEKUNDEN-SKIZZE
Die Harmonie der Darstellung wird von den einander gegenüber sitzenden Figuren im Profil verstärkt. Das Tischtuch steht im Kontrast zum schwarzen Hintergrund.

3-MINUTEN-INFO
Das Thema des Kartenspiels als Thema der Malerei lässt sich bis in die Renaissance und die niederländischen Genrebilder des 17. Jahrhunderts zurückverfolgen. Cézanne wurde stark von den alten Meistern beeinflusst und besuchte den Louvre, um Skizzen ihrer Werke anzufertigen. Dennoch werden wir hier nicht mit einer ordinären Wirthausszene oder moralisierenden Kommentaren vor den Gefahren des Spiels konfrontiert. Stattdessen lässt der Maler alles Unwesentliche weg und zeigt uns die zeitlose Szene von Bauern beim Kartenspiel.

DETAILS
Ölfarbe auf Leinwand, 1895
47,5 x 57 cm
Musée d'Orsay, Paris

3-SEKUNDEN-BIOGRAFIE
PAULIN PAULET
Nicht bekannt
Paulet war Gärtner auf dem Landgut Jas de Bouffan der Familie Cézanne bei Aix-en-Provence. Man nimmt an, dass er für die Figur rechts auf diesem Gemälde und in anderen Versionen in der Serie posiert hat.

30-SEKUNDEN-TEXT
Maria Alambritis

Die strukturierte, grobe Oberfläche der Farbe konzentriert unsere Aufmerksamkeit auf die formalen Qualitäten des Kunstwerks.

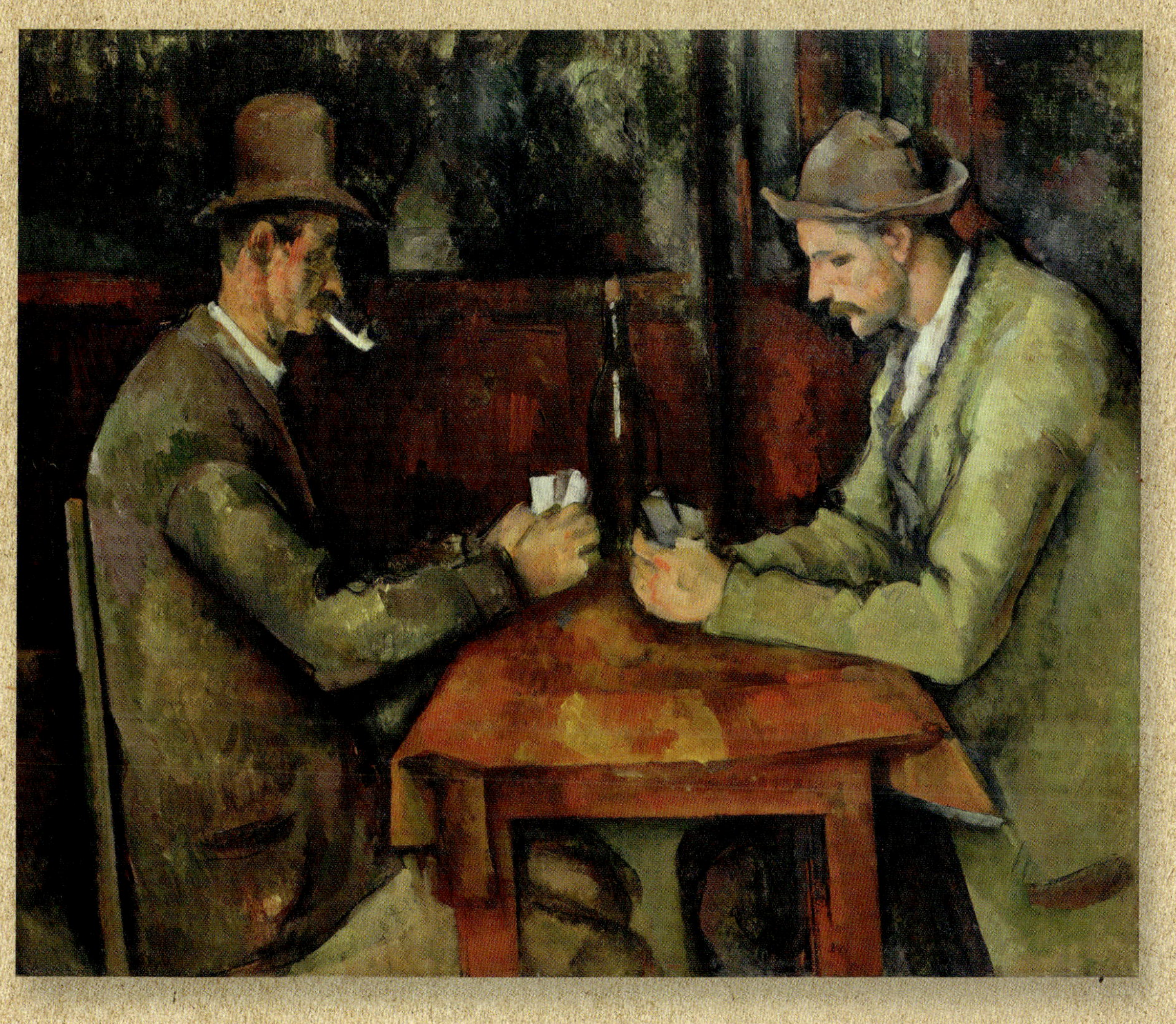

MODERNISMUS

MODERNISMUS
GLOSSAR

Abstrakt Im Gegensatz zur figurativen Kunst will abstrakte Kunst nicht das visuelle Erscheinungsbild der Außenwelt abbilden oder kopieren. Obwohl Objekte, Menschen und Dinge dem Künstler als Inspiration dienen können, zeigt das Werk keine Ähnlichkeit oder Nachahmung der Wirklichkeit.

Ästhetik Kriterien für Schönheit und Geschmack in visuellen Künsten.

Analytischer Kubismus Die erste – von Picasso und Georges Braque um 1908 entwickelte – kubistische Phase. Die beiden Maler lehnten die traditionellen Konventionen perspektivischer Kunst ab und stellten dreidimensionale Objekte mit begrenzter Farbpalette auf einer flachen Oberfläche als Aneinanderreihung von Abbildungen von Objekten dar.

Art Nouveau Internationale dekorative Stilrichtung in Architektur und Design gegen Ende des 19. und Beginn des 20. Jahrhunderts. Mit ihren fließenden Linien und asymmetrischen Mustern orientierte sich die Art Nouveau an natürlichen Formen.

Collage Bei dieser Technik werden Stücke Papier oder Stoff auf einer Unterlage angeordnet und aufgeklebt. Diese Technik wurde von den Kubisten entwickelt, um Bilder, Sprache und Formen miteinander zu kombinieren. Sie diente meistens humoristischen und/oder politischen Zwecken.

Dada Diese Avantgarde-Gruppe stellte mittels Performances, Gedichten und radikalen Formen visueller Kunst gesellschaftliche Konventionen der westlichen Gesellschaft in Frage. Die Gruppe entstand in Zürich während des Ersten Weltkriegs und fand rasch Nachfolger in anderen europäischen Städten. Sie war bekannt für ihre provokative Verwendung von Humor und Unsinn.

De Stijl Einflussreiche abstrakte Stilrichtung, die ihren Namen der gleichnamigen, von Piet Mondriaan und Theo van Doesburg 1917 in den Niederlanden gegründeten Zeitschrift verdankt. Die Gruppe bekannte sich zur Darstellung vereinfachter geometrischer Kunstformen in einer reduzierten Farbpalette (primären Farben und Nichtfarben).

Direct Carving Die Bearbeitung von Stein, Holz oder ähnlichen Materialien mit Hammer und Meißel. Viele Bildhauer im 20. Jahrhundert bevorzugten dieses Verfahren wegen dem direkten und wahrhaftigen Umgang mit Material, deren expressive Eigenschaften erhalten bleiben.

Expressionismus In Deutschland zu Beginn des 20. Jahrhunderts entstandene Stilrichtung. Der Expressionismus lehnte realistische Kunst ab und bekannte sich zu Subjektivität und Intuition als künstlerische Ausgangspunkte. Generell wird der Begriff für Kunst verwendet, die aus der emotionalen Reaktion eines Künstlers gegenüber einem externen Subjekt entsteht.

Masonit (Hartfaserplatte) Eine leichte Hartfaserplatte. Sie wird durch das Kochen von Holz in Dampf und anschließendem Zusammenpressen der Holzfasern hergestellt. Masonit wurde in den zwanziger Jahren in Amerika patentiert und entwickelte sich rasch zu einer Alternative für Leinwand.

Mural (Wandgemälde) Große Malerei, die auf eine Wand montiert oder direkt angebracht wird. Im zwanzigsten Jahrhundert wurden Wandgemälde oft für politische Zwecke eingesetzt.

Neoplastizismus Die Bezeichnung für die von Mondriaan geschaffene und in seiner Zeitschrift *De Stijl* dargestellte abstrakte Kunst. Mondriaan bekannte sich zu einer asymmetrischen Kunst, die nur aus vertikalen und horizontalen Linien, primären Farben und Schwarz und Weiß besteht.

Pastorale Kunst Eine idealisierte oder romantische Darstellung ländlicher Natur.

Primitive Kunst Stilrichtung in der modernen Kunst, die sich vom Handwerk und von der Kunst nicht-westlicher Kulturen in Afrika, Südamerika oder den pazifischen Inseln inspirieren ließ. Diese Kunst, wie auch die europäische Volkskunst, wurde wegen ihrer authentischen oder genuinen Ausdrucksformen bewundert. Auch die Kunst von Kindern und psychiatrischen Patienten fand wegen ihrer Naivität und Ehrlichkeit in diesem Rahmen viel Interesse.

Psychoanalyse Diese von Sigmund Freud (1856–1939) entwickelte psychoanalytische Theorie und Therapie beruhte auf dem Gedanken, dass Menschen durch die Bewusstmachung unterdrückter Gefühle und Gedanken geheilt werden können. Freud beeinflusste viele Künstler mit seinen Ideen über die Befreiung des Unbewussten und seiner Traumanalyse.

Salon d'Automne Jedes Jahr stattfindende Kunstausstellung in Paris. Sie wurde 1903 von einer Gruppe von Künstlern und Dichtern als Alternative zum offiziellen Salon gegründet. Hier fanden wichtige Ausstellungen der Maler Gauguin und Cézanne statt.

Synthetischer Kubismus Die zweite kubistische Phase, die zwischen 1912 und 1914 entstand. Bedeutsam ist die Weiterentwicklung der Collagentechnik mit Zeitungspapier, gefärbtem Papier und Stoffen. Es entstanden Gemälde durch die Kombination flacher Strukturen mit Texten und Mustern.

LEBENSFREUDE

HENRI MATISSE (1869–1954)

30-Sekunden-Kunst

La bonheur de vivre (Lebensfreude) lautet der Titel eines großen Gemäldes, das eine idealisierte pastorale Szene in brillanten lebendigen Farben darstellt. Es zeigt eine von überhängenden Bäumen umrahmte Waldlichtung, die sich zum Meer und Horizont in der Ferne öffnet. Nackte Figuren sind spielerisch angeordnet und genießen das Leben in Harmonie mit der Natur. In der Mitte des Gemäldes tanzt eine Gruppe im Kreis und betont damit die fließende, zirkuläre Komposition. Die Figuren sind als eigenständige Elemente oder Motive an verschiedenen Stellen dekorativ angeordnet. Matisse will kein realistisches Naturbild oder eine bestimmte Lichtimpression wiedergeben. Er appelliert an die Sinne des Betrachters und versucht mittels Farben und Mustern Emotionen zu erregen. Matisse studierte zunächst Rechtswissenschaft, fing aber während einer längeren Krankheit zu malen an und eignete sich die Grundlagen der Techniken der traditionellen Malerei an. Inspiriert vom brillanten südfranzösischen Licht brach er jedoch nach einigen Jahren radikal mit seinem bis dahin traditionellen Malstil und entwickelte die für ihn typischen Qualitäten. Seine Werke wurden zunächst als wild und primitiv verspottet. Inzwischen gilt Matisse jedoch neben Picasso als einer der bedeutendsten Künstler des 20. Jahrhunderts.

3-SEKUNDEN-SKIZZE
Die Gemälde von Matisse haben kräftige Farben und strahlen eine freudige Lebenslust aus. Ihre sensuellen, dekorativen Qualitäten gehen auf sein Interesse an östlicher Kunst und Stoffen zurück.

3-MINUTEN-INFO
Mit dem Begriff *Les Fauvres* (die Wilden) charakterisierte der Kritiker Louis Vauxcelles die Gemälde von Matisse und einer Gruppe befreundeter Künstler, die 1905 im Salon d'Automne ausgestellt wurden. Der Fauvismus betont individuellen Ausdruck und expressive Farben als unabhängige Elemente, die vom repräsentativen, darstellenden Charakter visueller Kunst zu trennen seien. Mit ihren vereinfachten Formen und verschiedenfarbigen glatten Flächen war der Fauvismus Wegbereiter des Kubismus und späterer abstrakter Bewegungen.

DETAILS
Ölfarbe auf Leinwand,
1905–1906
176,5 x 240,7 cm
Barnes Foundation,
Philadelphia

3-SEKUNDEN-BIOGRAFIE
GUSTAVE MOREAU
1826–1898
Französischer symbolistischer Maler, der auf den jungen Matisse großen Einfluss hatte, vor allem in der Betonung des persönlichen Ausdrucks.

30-SEKUNDEN-TEXT
Paul Harper

Dieses großflächige Gemälde gilt als einer der Pfeiler der modernen Malerei.

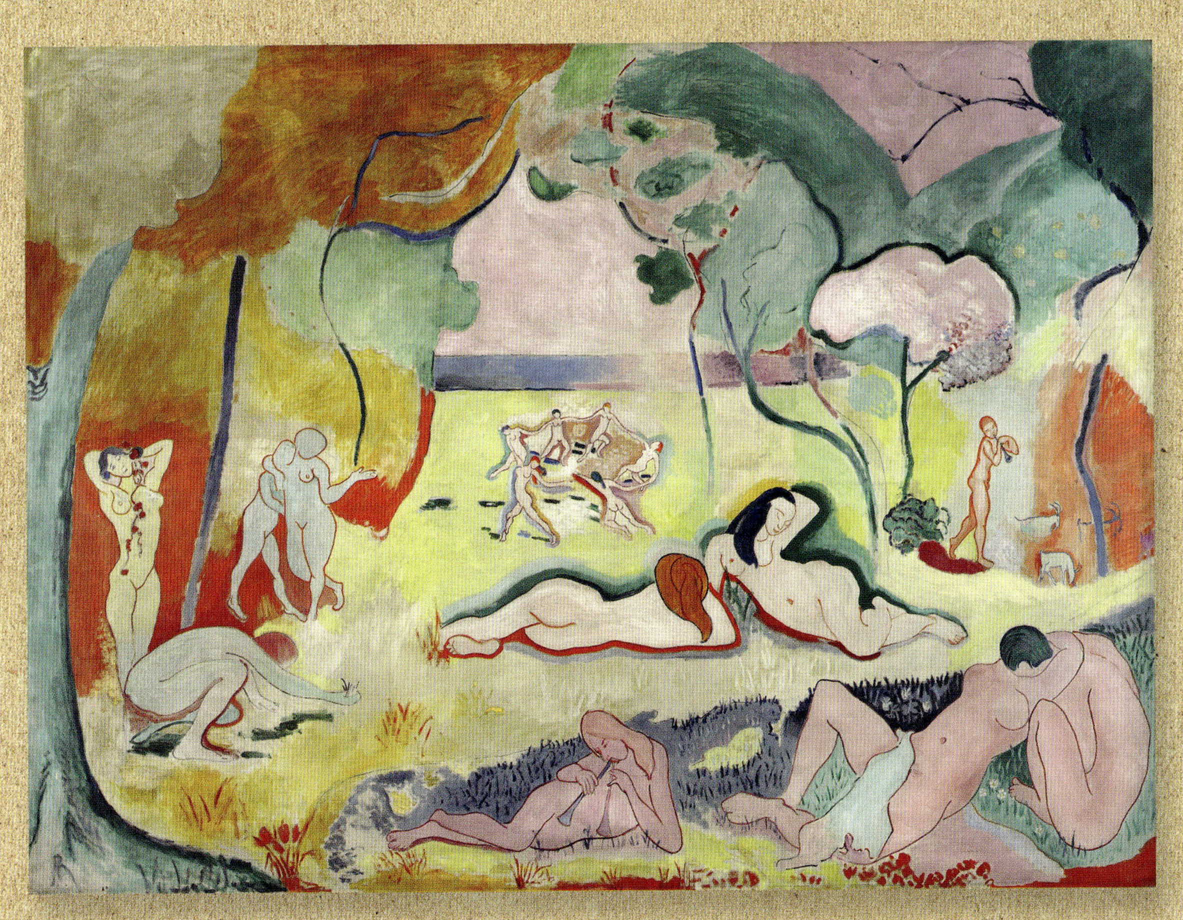

DER KUSS
GUSTAV KLIMT (1862–1918)

30-Sekunden-Kunst

Diese riesige Leinwand (beinahe 4 Quadratmeter groß) zeigt zwei Liebende in leidenschaftlicher Umarmung. Sie tragen luxuriös verzierte, symbolisch kontrastierende Gewänder und scheinen sich in ihrer Ekstase zu verlieren. Die Blumenwiese zu ihren Füßen, der nächtliche Himmel und das sie umwickelnde goldene Tuch machen dieses Gemälde zu einer träumerischen, reich verzierten, fast abstrakten Komposition. Nach seinen anfänglichen Erfolgen als konventioneller akademischer Maler entwickelte Klimt einen persönlichen Stil, in dem – wie in diesem Gemälde – sowohl die Einflüsse moderner europäischer Kunst als auch japanische, byzantinische und ägyptische Einflüsse spürbar sind. Klimt kombinierte realistische Abbildungen mit stilisierten Formen und dekorativer Abstraktion, was seinen Werken eine oft allegorische oder symbolistische Stimmung verleiht. Obwohl Klimt auch Landschaften und Porträts malte, war der weibliche Körper, meist sensuell dargestellt, das wichtigste Motiv seiner Werke. Dank der Kombination gewundener, organischer und stilisierter geometrischer Formen wurde Klimt zu einem der einflussreichsten Exponenten der Art Nouveau, in seiner Heimat Österreich als Jugendstil bekannt.

3-SEKUNDEN-SKIZZE
Klimt war eine wichtige Persönlichkeit im Wien der Jahrhundertwende. In seinen prachtvollen, reich verzierten Gemälden kombinierte er stilisierte und naturalistische Formen.

3-MINUTEN-INFO
Klimt arbeitete mit der Wiener Werkstätte zusammen, eine der ersten Manifestationen des europäischen Modernismus. Die Werkstätte wurde gegründet, um die Standards für Design und Manufaktur zu verbessern, um so auch Alltagsobjekten künstlerischen Wert zu geben. Manche von Klimts modernistischen Zeitgenossen, wie Adolf Loos, wandten sich gegen Dekorationen, aber Klimt strebte ein Gesamtkunstwerk an, das alle visuellen Künste mittels Ornamenten vereinigen sollte.

DETAILS
Ölfarbe und Blattgold auf Leinwand, 1907–1908
180 x 180 cm
Belvedere Museum, Wien

3-SEKUNDEN-BIOGRAFIE
EGON SCHIELE
1890–1918
Schüler von Klimt und wichtiger Vertreter der expressionistischen Malerei Österreichs. In seinen emotional intensiven und erotischen Bildern wurde Schiele stark von Klimt beeinflusst.

30-SEKUNDEN-TEXT
Paul Harper

Mit seiner üppig vergoldeten Oberfläche ist* Der Kuss *Höhepunkt von Klimts „goldener Periode“.

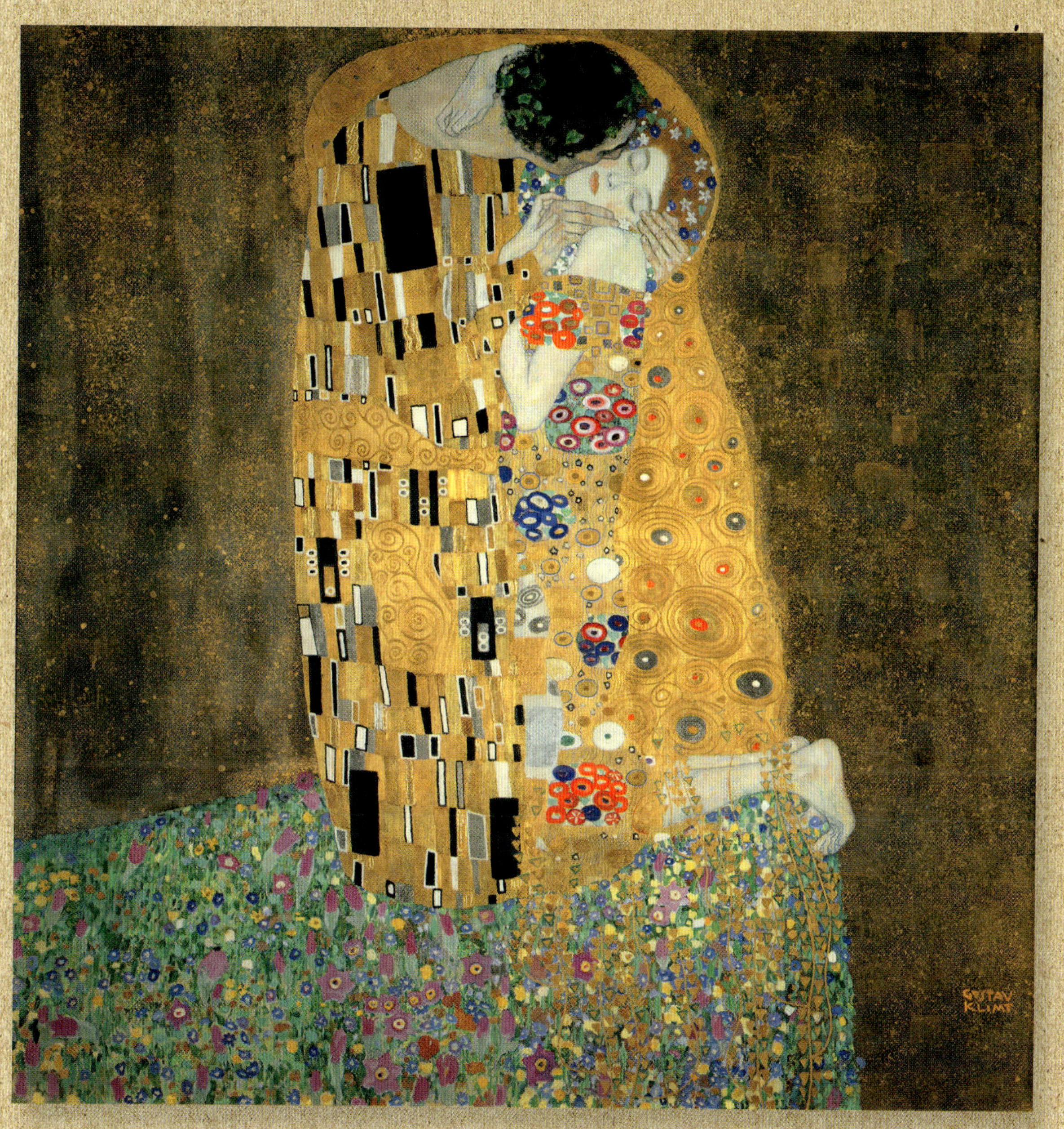

EINZIGARTIGE FORMEN DER KONTINUITÄT IM RAUM
UMBERTO BOCCIONI (1882–1916)

30-Sekunden-Kunst

3-SEKUNDEN-SKIZZE
Einzigartige Formen gibt Bewegung in Raum und Zeit wieder und drückt damit die futuristische Begeisterung für Geschwindigkeit und die Transformation menschlicher Erfahrungen in einer mechanisierten Zukunft aus.

3-MINUTEN-INFO
Boccioni gilt als der führende Kunsthistoriker der futuristischen Bewegung und hatte entscheidenden Anteil an der Formulierung ihrer ästhetischen Prinzipien. Seiner Meinung nach waren andere Modernisten in einer analytischen Diskontinuität stecken geblieben. Den Kubisten fehle es an Vitalität, sie würden nicht alle Aspekte des Lebens wiedergeben. Mit seiner Skulptur bezweckte Boccioni die Darstellung „synthetischer Kontinuität". Anstatt einer simplen Bewegungswiedergabe wollte er das Wesen von Bewegung mittels expressiver Abstraktion darstellen.

Diese Bronzeskulptur zeigt eine mit heroischer Entschlossenheit fortschreitende Figur, halb Mensch, halb Maschine. Die muskulöse dynamische Bewegung wird durch die Verformungen unterstrichen, die Wind und Geschwindigkeit suggerieren. Boccionis frühe Werke standen noch unter impressionistischem Einfluss, aber ab 1910 wurde er zu einem der führenden Künstler und Theoretiker der italienischen Futuristen. Seine Theorien über die Beziehungen zwischen Form, Raum und Bewegung legte er in mehreren Aufsätzen dar. *Einzigartige Formen* gibt sehr überzeugend die Energie und Geschwindigkeit wieder, die die Futuristen als Errungenschaften der modernen Zeit feierten. Die Wiedergabe der Bewegung – das wichtigste Charakteristikum der Moderne – hielt Boccioni für die zentrale Aufgabe von Kunst überhaupt. Das festgehaltene Fließen und die Dekonstruktion von Körpern, in sich überlappende Flächen und geometrische Figuren erinnern an den analytischen Kubismus, der großen Einfluss auf Boccionis visuelle Sprache hatte. Die Futuristen romantisierten das regenerative Potenzial gewalttätiger Konflikte und Boccioni befürwortete die Beteiligung Italiens am Ersten Weltkrieg. Er starb mit nur 33 Jahren als Freiwilliger in der italienischen Armee nach einem Unfall. Zu seinen Lebzeiten existierte dieses Werk nur als Gipsmodell, es wurde erst 1931 in Bronze gegossen.

DETAILS
Gips 1913, Bronze 1931
111 × 88 cm
Varianten

3-SEKUNDEN-BIOGRAFIE
FILIPPO TOMMASO EMILIO MARINETTI
1876–1944
Dichter und Schriftsteller, veröffentlichte 1909 das erste futuristische Manifest, in der er die Vergangenheit vehement ablehnte und eine romantische Vision auf eine industrialisierte Welt entwickelte.

30-SEKUNDEN-TEXT
Paul Harper

In diesem Werk fängt Boccioni die rasende Bewegung von Handlung, also die „synthetische Kontinuität" ein.

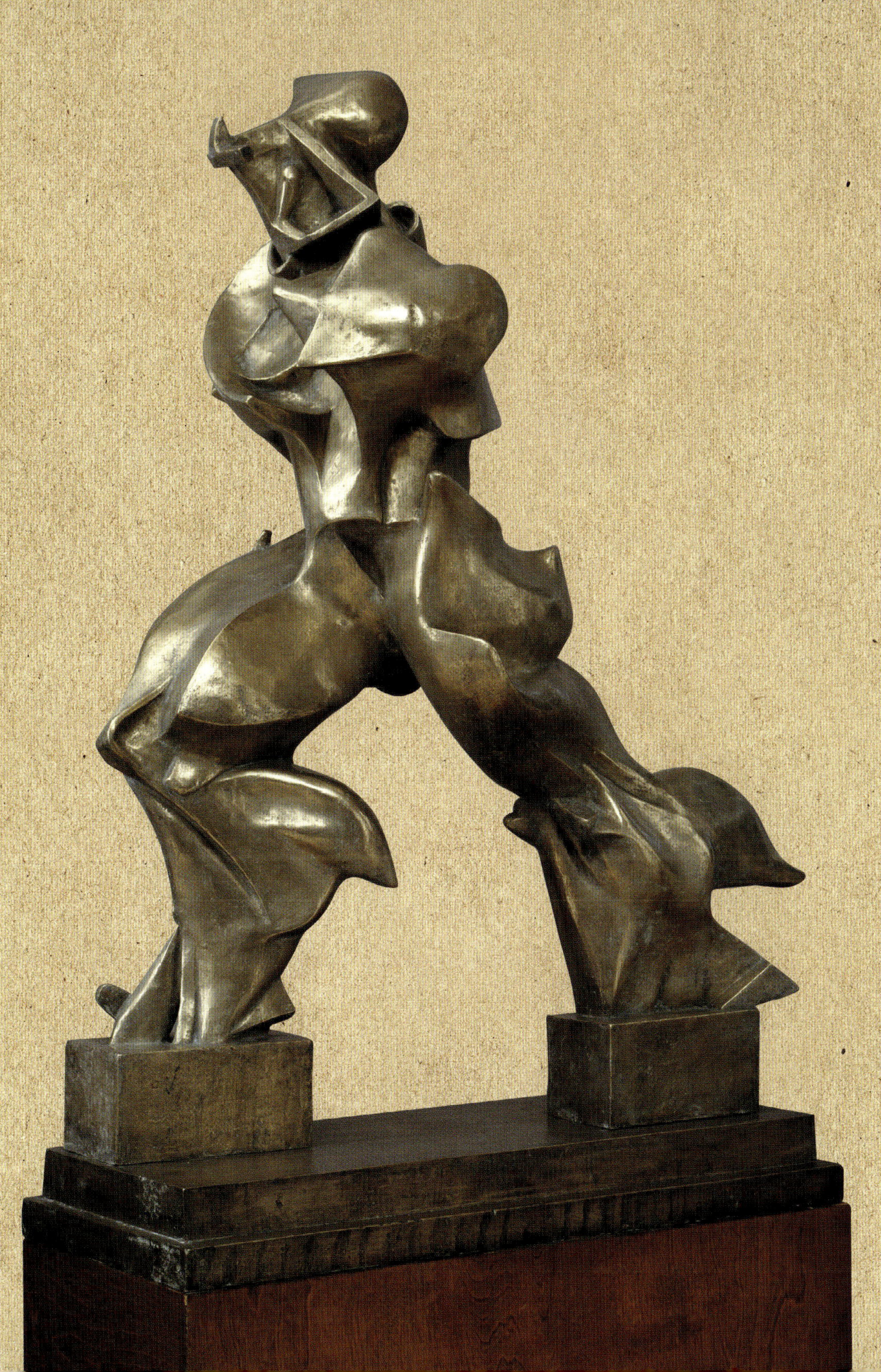

DER VERRAT DER BILDER

RENÉ MAGRITTE (1898–1967)

30-Sekunden-Kunst

Unter einer einfachen, grafischen Darstellung einer Pfeife steht „Ceci n'est pas une pipe", übersetzt: Das ist keine Pfeife. Text und Bild bilden ein offensichtliches Paradox. Natürlich sind weder die visuelle Darstellung der Pfeife noch das Wort „Pfeife" tatsächliche Pfeifen. Diese scheinbare Banalität von Gemälde und Aussage verdeckt aber die komplexe Interaktion von Bild, Text und Objekt, die Magritte thematisiert. Magritte ist der wohl bekannteste belgische Künstler des 20. Jahrhunderts und wird stark mit dem Surrealismus in Verbindung gebracht. *Der Verrat der Bilder* gehört zu einer Serie von Bildern aus den zwanziger Jahren, in denen Magritte widersprüchliche Aussagen, verkehrte Objektnamen und traumartige Gegenüberstellungen verwendete, um herkömmliche Denk- und Sehgewohnheiten in Frage zu stellen, und den seltsamen Übergang von Subjektivität zu Objektivität zu thematisieren. Obwohl Surrealist, kann man Magrittes Gemälde auch als rationale Versuche sehen, die verschiedenen Denk- und Erfahrungsgewohnheiten von Wirklichkeit mit der Wirklichkeit selber zu konfrontieren. Stilistisch sind seine Gemälde – wie auch die kommerzielle Kunst (Werbung, Buchtitel), mit der er viele Jahre seinen Lebensunterhalt verdiente – illustrativ und konkret. Seine ungeschmückte und offensichtlich konservative Ästhetik verstärkt die geheimnisvolle und träumerische Fremdheit und die beunruhigende, manchmal gewalttätige Inkongruenz seiner Werke.

3-SEKUNDEN-SKIZZE
Magritte bildete einfache Objekte in überraschenden Kontexten ab, um unser Konzept von Realität ins Wanken zu bringen. Auch stellt er die Spannung zwischen Realismus und Surrealismus humorvoll dar.

3-MINUTEN-INFO
Als Reaktion auf neue Entwicklungen der Psychoanalyse lehnten die Surrealisten Rationalismus und Realismus in Kunst und Leben gleichermaßen ab. Sie übernahmen Freuds Theorien über unbewusste Wünsche, die sich in Imagination und Mythologie offenbaren. Magritte ging davon aus, dass Geheimnisse auch im alltäglichen Leben schlummern und thematisierte deshalb das banale Alltagsleben bürgerlicher Existenz.

DETAILS
Ölfarbe auf Leinwand, 1928–1929
63,5 x 94 cm
Los Angeles County Museum of Art

3-SEKUNDEN-BIOGRAFIE
ANDRÉ BRETON
1896–1966
Französischer Dichter und wichtiger Theoretiker der surrealistischen Bewegung. Verfasser des Surrealistischen Manifests aus dem Jahr 1924.

30-SEKUNDEN-TEXT
Paul Harper

Der Verrat der Bilder *stellt in geistreicher Weise die allgemein vorausgesetzte Beziehung zwischen Bild, Text und Objekt in Frage.*

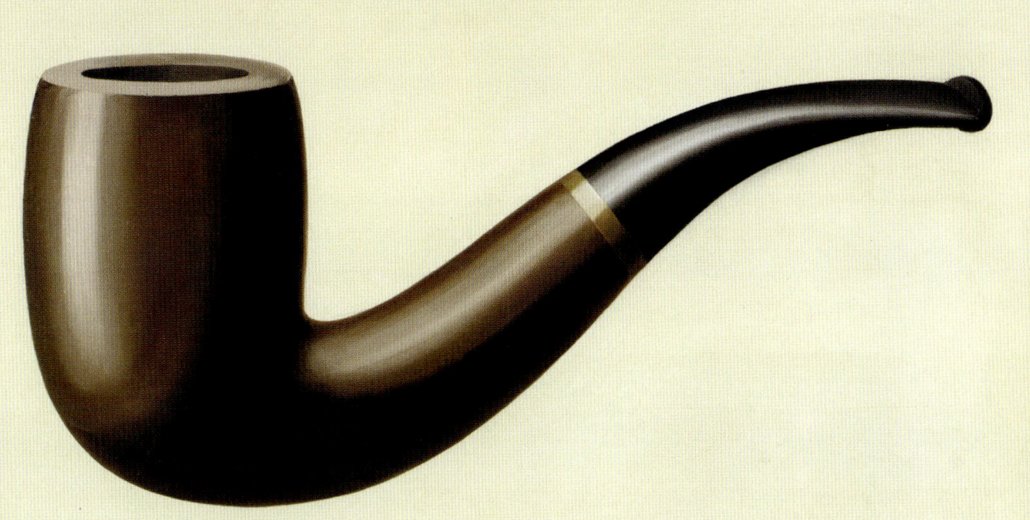
Ceci n'est pas une pipe.
Magritte

KOMPOSITION A MIT ROT UND BLAU

PIET MONDRIAAN (1872–1945)

30-Sekunden-Kunst

Eine einfache, asymmetrische Gitterstruktur aus schwarzen Linien enthält zwei Blöcke aus primären Farben, die durch weiße Blöcke voneinander getrennt werden. Die Anordnung der beiden Farben innerhalb des Gitters bringt die Harmonie und Energie des Gemäldes in Balance. Während seiner Experimente im Stil des analytischen Kubismus vereinfachte Mondriaan seinen Stil immer weiter. Schließlich kam er zu einer ästhetischen Sprache, die die gesamte Bandbreite visueller Erfahrungen in abstrakter und universeller Weise abbilden sollte. Dieser Stil, von ihm als Neoplastizismus bezeichnet, bestand aus viereckigen oder rechteckigen Formen, die von geraden, schwarzen, horizontalen und vertikalen Linien abgegrenzt wurden. Die Farbpalette beschränkte sich auf einige Grautöne, Weiß und die primären Farben. Aus dieser einfachen Formel leitete Mondriaan eine unendliche Zahl variabler Beziehungen ab, deren Elemente in dynamischer Balance blieben. So entwarf er sein utopisches Ideal spiritueller Zusammengehörigkeit. Die anonyme Schönheit dieser auf Form und Farbe reduzierten Formensprache stand dabei sowohl für die Prinzipien des internationalen Modernismus als auch für Mondriaans Überzeugung, dass Kunstwerke keine Wirklichkeit abbilden, sondern autonom sein sollten.

3-SEKUNDEN-SKIZZE

Die asymmetrische Balance und die vereinfachte visuelle Sprache dieses Gemäldes, das keinerlei Bezug zur Realität hat, bringt Mondriaans Streben nach reiner Abstraktion perfekt zum Ausdruck.

3-MINUTEN-INFO

Zusammen mit Theo van Doesburg (1883–1931) war Mondriaan einer der Begründer der niederländischen Bewegung De Stijl. De Stijl (der Stil) war ursprünglich eine Zeitschrift, in der Mondriaan seine ästhetischen Ideen in mehreren Artikeln veröffentlichte. Mondriaan hatte sowohl großen Einfluss auf die Entwicklung der abstrakten Kunst und modernen Architektur als auch auf die des Designs. Nachdem Mondriaan sich mit van Doesburg über die Verwendung diagonaler Elemente zerstritten hatte, zog er sich aus De Stijl zurück.

DETAILS

Ölfarbe auf Leinwand, 1932
55,5 x 55,5 cm
Kunstmuseum, Winterthur

3-SEKUNDEN-BIOGRAFIE

GERRIT RIETVELD
1888–1964
Möbeldesigner und Architekt, Gründungsmitglied von *De Stijl*. Mondriaans Einfluss zeigt sich unter anderem in *Der rot-blaue Stuhl*.

30-SEKUNDEN-TEXT

Paul Harper

Komposition A mit Rot und Blau ***verkörpert Mondriaans Ideal einer spirituellen Harmonie und Ordnung.***

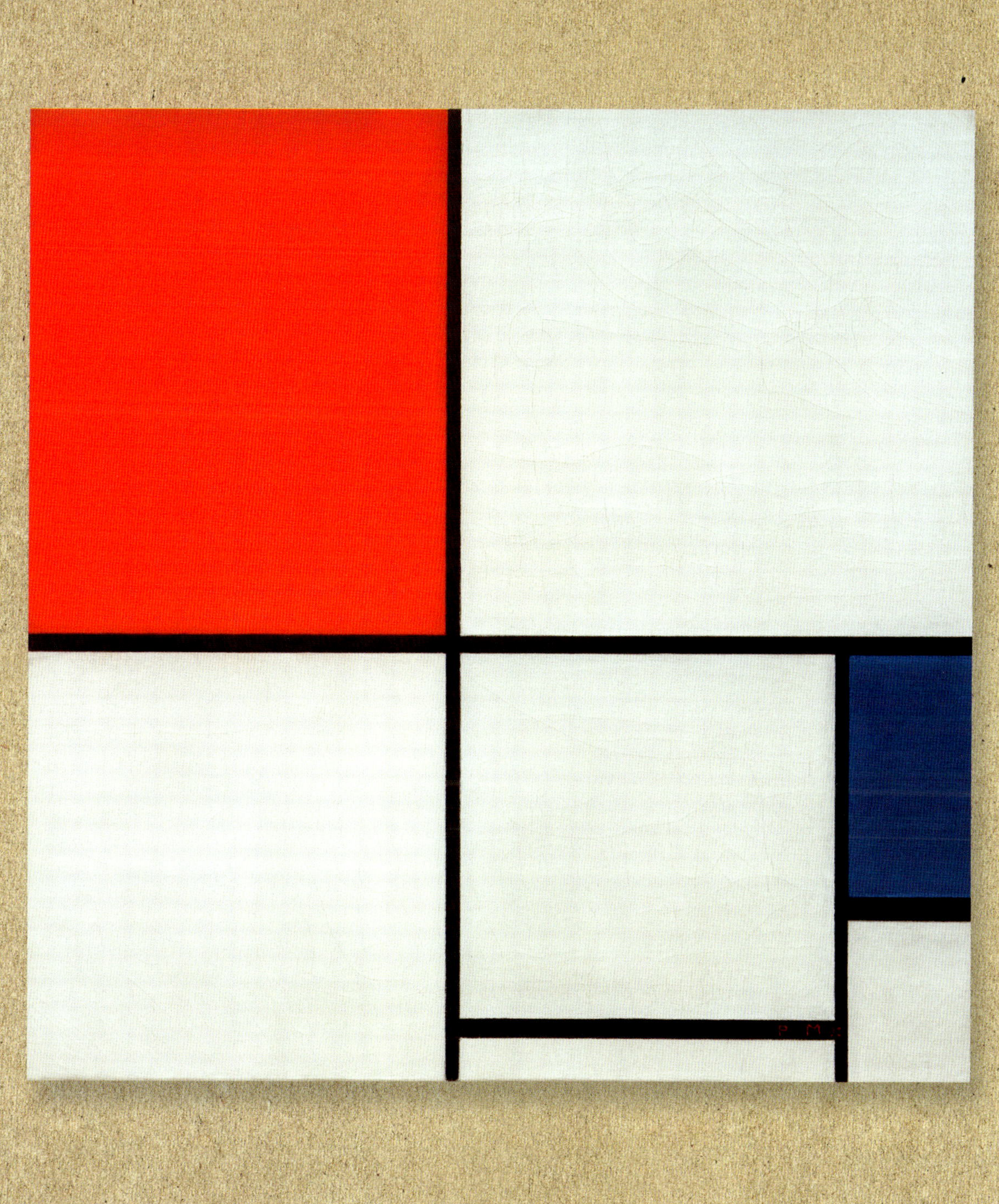

1887
Geboren am 28. Juli in Blainville-Crevon in der Normandie (Nordfrankreich).

1904
Studiert Kunst an der Académie Julian in Paris.

1908
Stellt im renommierten Salon d'Automne aus.

1913
Nude Descending a Staircase, No.2 wird in der New York Armory Show ausgestellt.

1913
Duchamp stellt sein erstes Readymade aus, ein Rad eines Fahrrads, auf einen Stuhl montiert.

1917
Fountain wird in New York ausgestellt.

1921
Duchamp und Man Ray gründen die Zeitschrift *New York Dada*.

1927
The Bride Stripped Bare by her Bachelors, Even (The Large Glass) wird in der International Exhibition of Modern Art im Brooklyn Museum ausgestellt.

1966
Beendet sein letztes Kunstwerk *Étant donnés: 1° la chute d'eau / 2° le gaz d'éclairage*

1968
Stirbt Oktober in seinem Haus in Neuilly-sur-Seine.

2004
Fountain wird in einer Umfrage unter 500 bekannten Künstlern und Kunsthistorikern als das einflussreichste Kunstwerk des 20. Jahrhunderts bezeichnet.

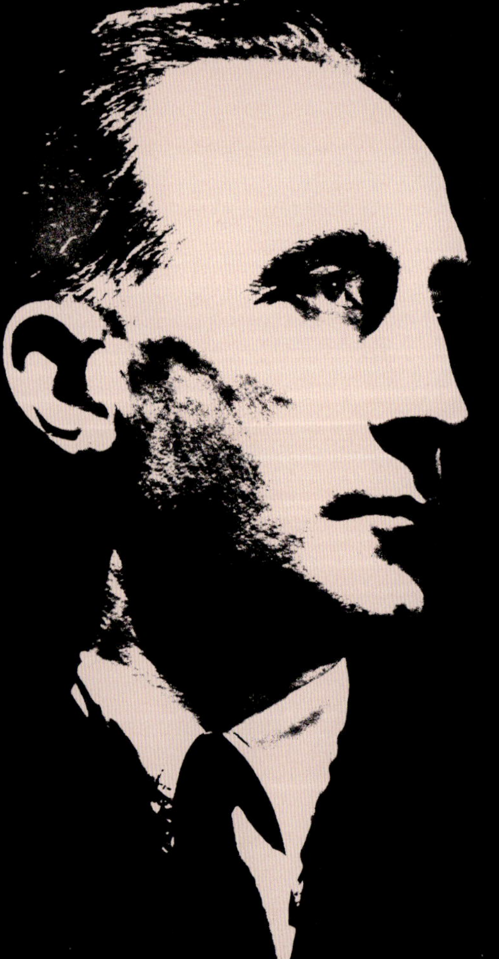

MARCEL DUCHAMP

Marcel Duchamp ist mit seinen provozierenden Kunstwerken, die die herkömmliche Kunst und Kunstproduktion in Frage stellten, der wohl einflussreichste Künstler des 20. Jahrhunderts.

Nachdem der junge – nicht unerfolgreiche – Maler Duchamp die Dada-Bewegung kennengelernt hatte, wandte er sich entschieden von der „Retinal art" (Kunst, die dem Auge gefallen will) ab. Auf der Suche nach einer Alternative für die repräsentative herkömmliche Kunst begann er, normale Objekte, die er als „Readymades" bezeichnete, als Kunst auszustellen. Dabei entschied er sich meistens für in Massenproduktion hergestellte nützliche Gegenstände. Indem Duchamp mit dieser Arbeitsweise die Auswahl – und nicht die Schöpfung – in den Mittelpunkt der Kunstproduktion stellte, widersetzte er sich in fundamentaler Weise der herkömmlichen Auffassung über die Rolle des Künstlers.

Außerdem griff Duchamp mit seinen Readymades die Auffassung an, dass Kunst schön zu sein habe. Duchamp betonte, er wähle gerade deshalb Alltagsobjekte aus, weil sie sich visuell nicht unterscheiden würden. Ihr Wert liege jenseits der bürgerlichen Auffassungen über guten oder schlechten Geschmack und bestehe darin, wie effektiv Objekte eine Idee verkörperten. In dieser Hinsicht ist Duchamp auch als Wegbereiter der konzeptuellen Kunst zu betrachten, die ähnliche Ideen über formale oder visuelle Qualitäten von Kunst entwickelte.

1917 provozierte Duchamp die „Society of Independant Artists", die auf seinen Vorschlag hin eine Ausstellung ohne Jury für Werke aller Art angekündigt hatte. Duchamp nahm sie beim Wort und reichte ein ready-made Urinal aus Porzellan mit der Signatur „R. Mutt" unter dem Titel *Fountain* ein. Es wurde abgelehnt, was Duchamp wohl auch einkalkuliert hatte. Seine Botschaft aber kam an: Es komme nicht darauf an, wer das Objekt hergestellt habe, sondern ausschließlich darauf, dass er – Duchamp – das Objekt durch seine Auswahl zu „Kunst" erhoben habe.

Wie die kubistischen und abstrakten Künstler lehnte also auch Duchamp die Naturtreue als ästhetisches Kriterium ab. Mit der Aufgabe der Realitätsdarstellung als Wesen der Kunst, wurden aber auch die traditionellen handwerklichen Fähigkeiten eines Malers und Bildhauers uninteressant und verlegte sich der Unterschied zwischen Kunst und Nicht-Kunst darauf, wie erfolgreich das Kunstobjekt darin war, Diskussionen auszulösen.

Duchamps Eklektizismus bei der Wahl von Materialien hat zur Bereicherung der Bildhauerei im 20. Jahrhundert beigetragen. Es sind jedoch vor allem seine theoretischen und konzeptionellen Ideen, die die Kunstwelt bis heute beschäftigen.

Paul Harper

WEINENDE FRAU

PABLO PICASSO (1881–1973)

30-Sekunden-Kunst

Weinende Frau ist eine faszinierende Darstellung untröstlicher Trauer. Eine schluchzende Frau bringt ein Taschentuch an ihr Gesicht. Der zentrale Bereich des Gemäldes mit dem Taschentuch ist farblich monochrom, aber wird kontrastiv von kräftigen Farben umgeben, was die die Intensität der Gefühle betont. *Weinende Frau* gehört zu einer Reihe von Gemälden aus dem Jahr 1937, die einen Bezug zum monumentalen *Guernica* haben. Wo *Guernica* jedoch das Grauen eines einzelnen furchtbaren Ereignisses im Spanischen Bürgerkrieg wiedergibt, versuchte Picasso mit diesen kleineren Arbeiten eine universale Darstellung menschlichen Leidens zu schaffen. Dabei bezog er sich auch auf die religiösen gefühlsbetonten Skulpturen der weinenden Jungfrau aus dem Barock. Diese Bezugnahme auf kunsthistorische Vorläufer ist typisch für Picasso, der als einer der originellsten Künstler des 20. Jahrhunderts gilt. Picasso war mit Georges Braque Grundleger des Kubismus, Pionier der Collagentechnik und außerdem mit dem Symbolismus und Surrealismus verbunden. Als Künstler war er außergewöhnlich produktiv, und – obwohl er sich selbst vor allem als Maler sah – auch als Bildhauer von großer Bedeutung. Außerdem experimentierte er mit anderen Medien wie Grafik und Keramik.

3-SEKUNDEN-SKIZZE

Indem Picasso das Gesicht in sich überlappende, fragmentierte Flächen und Blickwinkel zerlegt, zerstört er die traditionellen Regeln der Perspektive: ein charakteristisches Merkmal seines „Analytischen Kubismus".

3-MINUTEN-INFO

Nach der Bombardierung der spanischen Stadt Guernica 1937, womit die deutsche Luftwaffe Francos nationalistische Truppen unterstützen wollte, schuf Picasso das riesige Gemälde *Guernica*. Im darauffolgenden Jahr malte er eine Reihe von Studien anhand einer der Figuren im Gemälde: eine Frau, die ihr totes Kind im Arm hält. *Weinende Frau* ist das letzte und überzeugendste Gemälde dieser Serie. Die Figur stellte Dora Maar dar, die damalige Geliebte Picassos.

DETAILS

Ölfarbe auf Leinwand, 1937
60 x 49 cm
Tate Modern, London

3-SEKUNDEN-BIOGRAFIE

GEORGES BRAQUE
1882–1963
Entwickelte zusammen mit Picasso den Kubismus, zunächst in seiner analytischen und dann in seiner synthetischen Form.

30-SEKUNDEN-TEXT

Paul Harper

Weinende Frau *ist eine kraftvolle Studie menschlichen Leidens, deren Wirkung durch Picassos kubistische Technik noch verstärkt wird.*

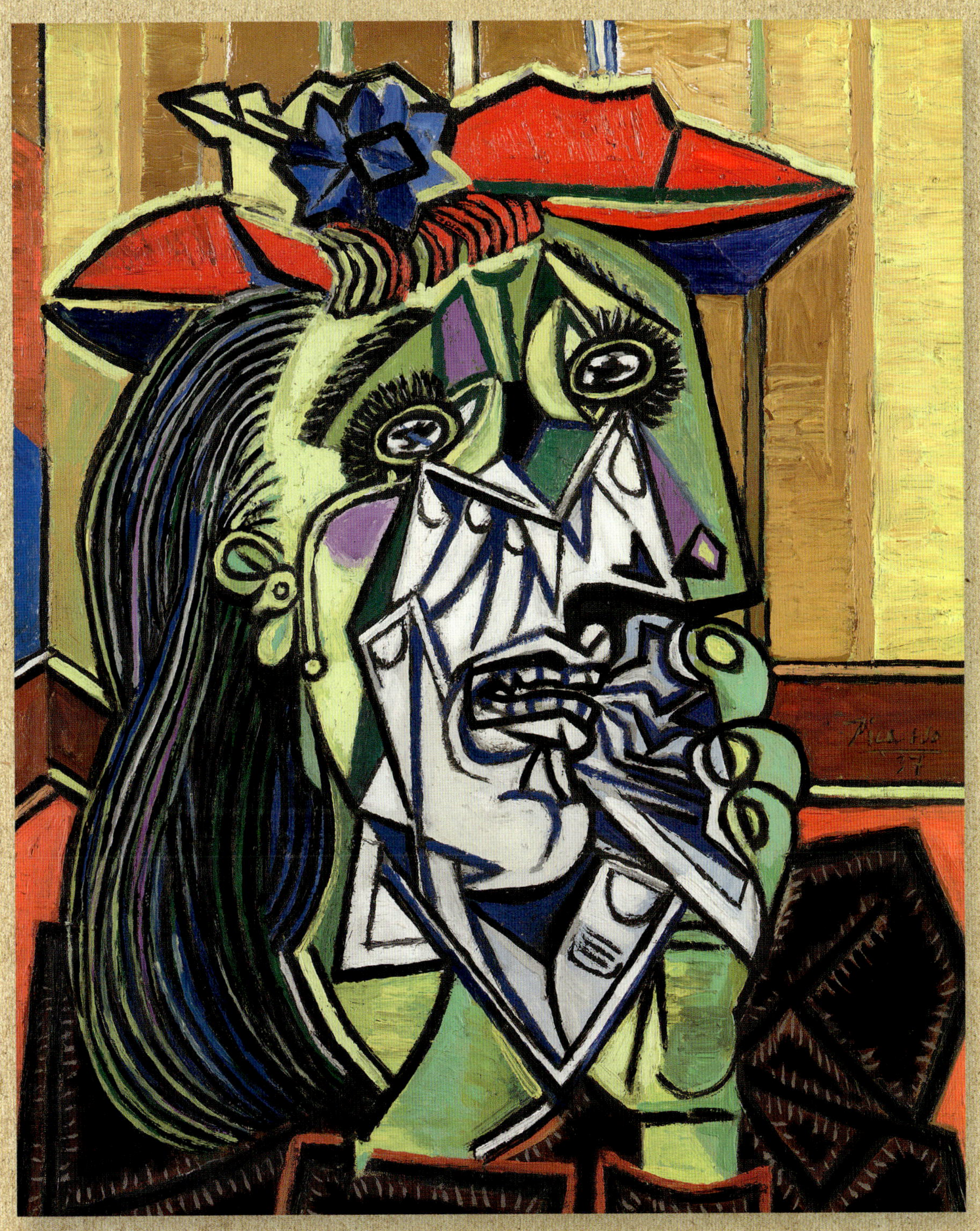
Picasso
37

WELLE

DAME BARBARA HEPWORTH
(1903–1975)

30-Sekunden-Kunst

Barbara Hepworth schuf *Wave* (Welle) in Cornwall, wo sie seit 1939 lebte. Obwohl abstrakt, ist die Skulptur ein kraftvoller Ausdruck der Landschaft und ihrer natürlichen Formen. Die glatte ovale Form ist teilweise hohl und der Kontrast zwischen der polierten Außenseite und der lackierten Innenseite betont die Spannung zwischen der Form und der sie umfassenden Leere. Diese Spannung wird verstärkt durch das Spiel von Licht und Schatten, sowie die Nylonsaiten, die in einem strahlenförmigen Muster über die hohle Innenseite gespannt sind. Prägend für Hepworths Werk waren das Erlebnis der Landschaft, die inhärenten Eigenschaften ihrer Materialien und der Schaffensprozess selbst. Zu Beginn ihrer Karriere kombinierte sie figurative und abstrakte Formen, später wurden ihre Arbeiten aber immer abstrakter. Dennoch sind Natur und Landschaft für Hepworths Kunst weiterhin von großer Bedeutung. Dies zeigt sich zum Beispiel in der Beziehung zwischen Innen und Außen von Objekten, zwischen kombinierten Objekten untereinander, zwischen Figur und Landschaft und zwischen Skulpturen und Landschaft.

3-SEKUNDEN-SKIZZE
Wave verkörpert eine abstrakte modernistische Ästhetik, hat jedoch auch sinnliche, taktile Qualitäten. Diese entstehen durch die Materialbearbeitung (Direct Carving), aber vor allem durch Hepworths primäre Inspirationsquelle: die Natur.

3-MINUTEN-INFO
Hepworth gehörte mit einem Kreis wichtiger Avantgardekünstler der dreißiger Jahre (Ben Nicholson, Henry Moore und Naum Gabo) dem englischen Modernismus an. Durch den Kontakt mit den Mitgliedern dieser Gruppe beschäftigte sie sich mit den neuen Entwicklungen in der europäischen modernen Kunst, die sie stark beeinflussten. Um 1950 war sie international bekannt, dies zu einer Zeit, als weibliche Künstler meistens ignoriert wurden.

DETAILS
Holz, Farbe, Saiten, 1943
30,5 x 44,5 x 21 cm
SNGMA, Edinburgh

3-SEKUNDEN-BIOGRAFIE
BEN NICHOLSON
1894–1982
Englischer Künstler und Pionier abstrakter Kunst, war zwischen 1938 und 1951 mit Hepworth verheiratet.

30-SEKUNDEN-TEXT
Paul Harper

***Wave** erforscht das dynamische Spiel zwischen der äußeren Masse und dem inneren Raum eines Objekts.*

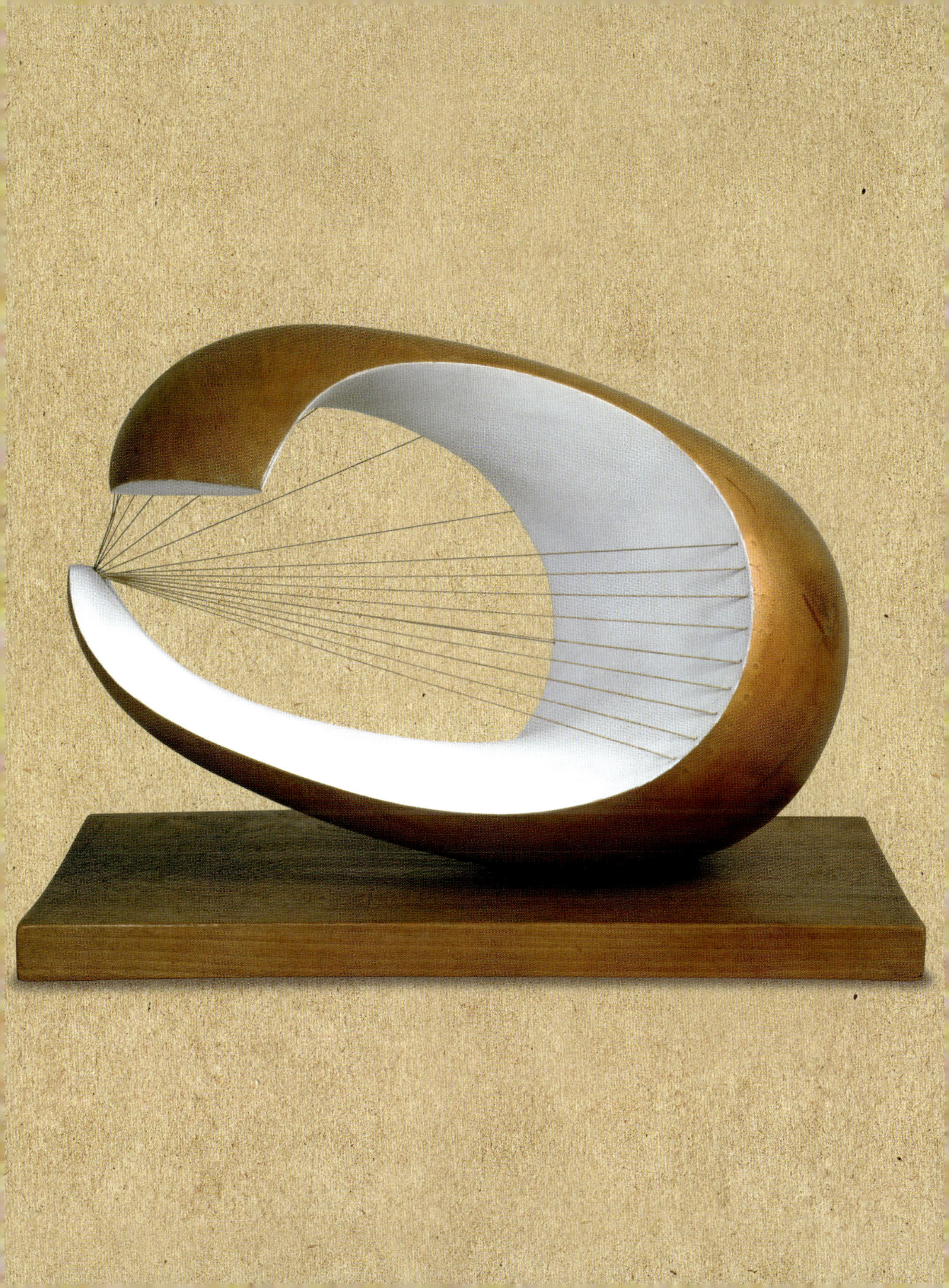

SELBSTPORTRÄT ALS TEHUANA ODER DIEGO ON MY MIND
FRIDA KAHLO (1907–1954)

30-Sekunden-Kunst

3-SEKUNDEN-SKIZZE
Dieses Gemälde zeigt uns die Grundelemente von Kahlos Werk: Sie selbst als zentrales Thema, ihre Liebe zu Diego Rivera und ihr Stolz auf ihre mexikanische Identität.

3-MINUTEN-INFO
Obwohl Kahlo zu Lebzeiten nur wenige Gemälde verkaufte und von Riveras Berühmtheit überschattet wurde, war sie sowohl in ihrer Heimat als auch international hoch geschätzt. Nach ihrem Tod wurde ihr Werk vor allem im feministischen und postkolonialen Kunstdiskurs sehr berühmt. Ihre Selbstporträts und die Thematisierung ihrer persönlichen Probleme spielten eine große Rolle in Debatten über Körperpolitik und die Ästhetik der Darstellung.

In diesem Selbstporträt trägt Kahlo traditionelle mexikanische Tehuana-Kleidung. Das Werk zeigt typisch autobiografische Züge. Auf ihrer Stirn malte sie ein Porträt ihres Mannes, dem Künstler Diego Rivera, zu dem sie eine stürmische Beziehung hatte. Aus einer kunstvollen Kopfbedeckung aus Pflanzen sprießt ein Netzwerk aus Fasern, dass ein organisches Netzwerk, Wurzeln oder Nervenenden suggeriert. Kahlo blickt uns aus dem Gemälde direkt an, ihr Blick ist zugleich tragisch, würdevoll und provokant. Durch die Polioerkrankung in ihrer Kindheit und schwere Verletzungen als Folge eines Busunfalls litt Kahlo ihr Leben lang fast ständig unter starken Schmerzen. Deren physischen und psychologischen Folgen hatten großen Einfluss auf ihr Werk, wie auch ihre konfliktvolle, obsessive Liebe für den treulosen Rivera, ihre sozialistischen Überzeugungen und ihre Faszination für mexikanische Volkskunst und nationale Identität. Durch die reiche Symbolsprache, psychologische Intensität und fantastischen Elemente ihrer Werke wird Kahlo oft mit den Surrealisten in Verbindung gebracht. Ihre Werke wurden in einer größeren surrealistischen Ausstellung in Mexiko im Jahre 1940 gezeigt. Kahlo selber lehnte dieses Label jedoch ab und bestand darauf, dass ihre Malerei keine Produkte ihres Unterbewussten zeige, sondern direkt autobiografisch sei und lediglich ihre eigene konkrete Realität wiedergebe.

DETAILS
Ölfarbe auf Masonit, 1943
76 x 61 cm
Jacques and Natasha Gelman Collection, Mexico City

3-SEKUNDEN-BIOGRAFIE
DIEGO RIVERA
1886–1957
Rivera gilt als bedeutendster mexikanischer Künstler des 20. Jahrhunderts und ist vor allem für seine großen, politisch inspirierten Wandmalereien bekannt.

30-SEKUNDEN-TEXT
Paul Harper

Kahlo blickt dem Betrachter entschlossen entgegen und stellt stolz ihre Leidenschaft für Rivera zur Schau.

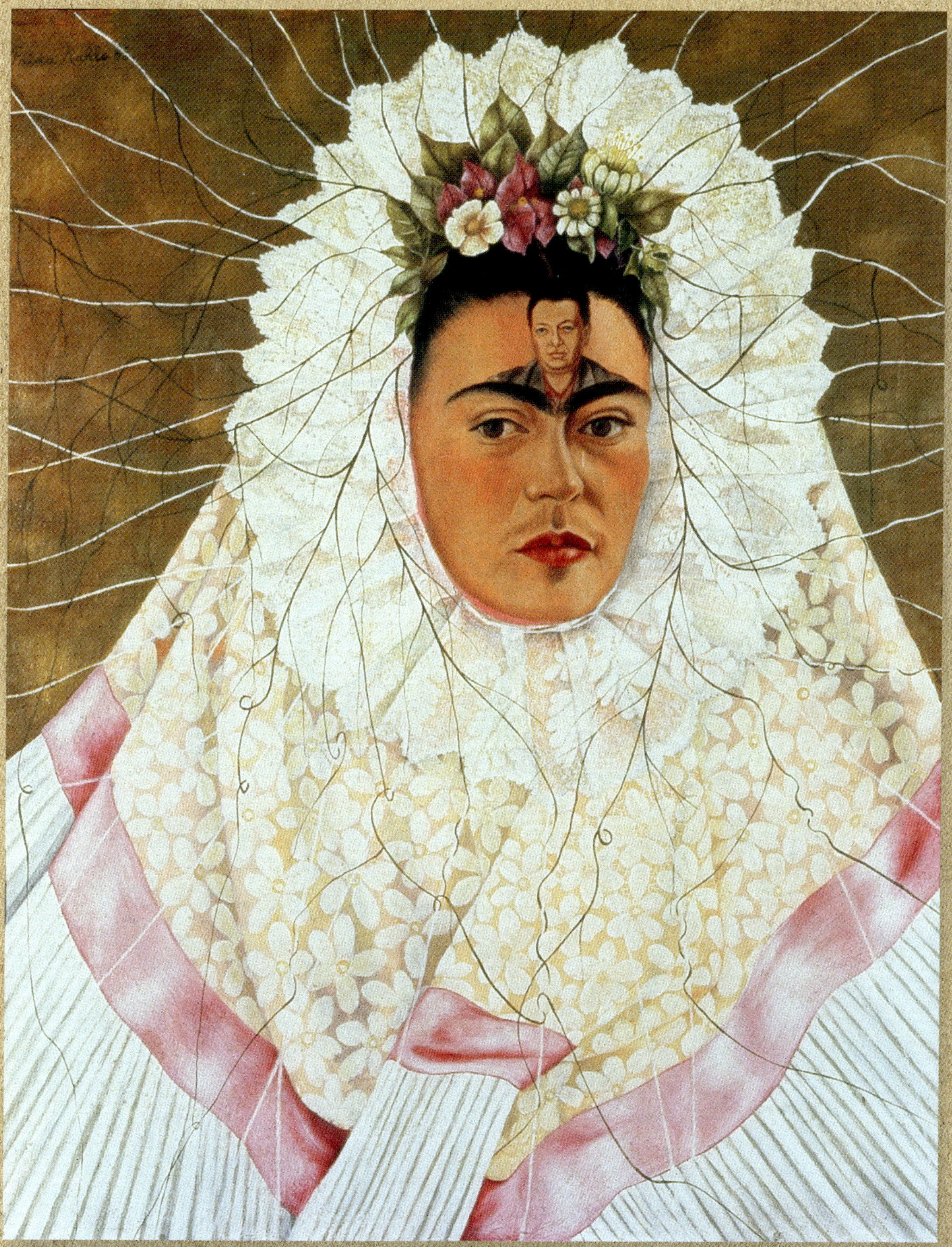

NACHKRIEGSZEIT BIS HEUTE

NACHKRIEGSZEIT BIS HEUTE
GLOSSAR

Abstrakter Expressionismus
Amerikanischer Kunststil nach dem Zweiten Weltkrieg. Die Vertreter dieser Strömung wurden berühmt durch ihre großformatigen, meistens abstrakte Werke.

Action Painting Expressive und gestische Form abstrakter Kunst, wobei die Farbe spontan geworfen, getropft oder in eine Leinwand gerieben wird. Typisch hierfür ist das Werk Jackson Pollocks.

Assemblage Nicht als Kunst intendierte Gegenstände werden so angeordnet, dass sie ein Kunstwerk bilden. Pioniere waren die Kubisten, Dadaisten und Surrealisten, aber auch heutzutage ist dieses Verfahren populär.

Biennale Venedig Internationale Ausstellung für zeitgenössische Kunst, die alle zwei Jahre in Venedig stattfindet. Die Biennale wurde 1895 zum ersten Mal eröffnet und hat sich seither zu einer der international führenden Kunstveranstaltungen entwickelt. Sie zieht Künstler aus der ganzen Welt an.

Bildebene Die Ebene zwischen dem Auge des Betrachters und der Oberfläche der Darstellung. In der westlichen Kunsttradition betrachtete man sie als hypothetisches Fenster, durch das hindurch der Betrachter die imaginäre Szene sieht. Dies war eine der vielen Konventionen, die durch die Betonung des physischen Elements von Kunstwerken durchbrochen wurde.

Faksimile Eine exakte Kopie eines Textes oder Bildes.

Farbfeld Eine Form abstrakter Nachkriegsmalerei, die Farbe als primäre Ausdrucksform benutzte. Die flachen, gesättigten Farbflächen stehen in starkem Kontrast zu den großen gestischen Gemälden des Action Painting.

Formalismus Von Kunstkritikern verwendeter abwertender Begriff. Derartiger Kunst gehe es nur um formale Aspekte – Farbe, Linie, Oberfläche oder Technik –, anstatt um ein bestimmtes Thema oder einen sozialen oder historischen Kontext.

Konzeptuelle Kunst Kunstwerke, deren Konzept oder Idee wichtiger sind als das Werk selbst. Meist gibt es keine explizite Signatur. Konzeptuelle Kunst kommt in vielen Formen vor: Text, Fotografie, Film und Ton.

Monumental Dieser Begriff wird für sehr große, eindrucksvolle Skulpturen verwendet, um ihnen den Status von Bedeutung und Dauer zu verleihen.

Op Art (Optische Kunst) In den sechziger Jahren entstandener Kunststil, der mit den optischen Effekten von Linien, Formen und Farben experimentiert. Werden zum Beispiel repetitive Strukturen oder Designs auf große Oberflächen angebracht, erfährt der Betrachter diese als wogend und pulsierend.

Podest Sockel einer Statue oder eines anderen dreidimensionalen Kunstwerks. Im 20. Jahrhundert schufen viele Künstler Skulpturen ohne Sockel, um die Distanz zum Publikum zu verringern.

Pointillismus Diese Technik wurde von den französischen Künstlern Georges Seurat und Paul Signac entwickelt, die Gemälde aus kleinen Punkten mit reinen Farben malten. Aus einer bestimmten Entfernung betrachtet, verschmelzen diese Punkte und der Betrachter sieht größere Farbflächen.

Pop Art Einflussreiche Kunstbewegung, die sich in den fünfziger Jahren in den USA und England entwickelte. Sie wurde von der Grafik und dem auffälligen Design der Nachkriegskultur inspiriert. Die Künstler lehnten die konventionellen Methoden und Motive der „High Art" ab und ließen sich durch Comics, Produktverpackungen und Anzeigen inspirieren.

Postmodernismus Allgemeiner Begriff für eine ganze Palette künstlerischer Formen seit den sechziger Jahren. Der Postmodernismus wandte sich gegen die Dominanz des Modernismus im 20. Jahrhundert mit seinem Idealismus und Anspruch auf universelle Wahrheiten. Postmoderne Kunst geht es um Unsicherheit, Relativismus und das Überwinden künstlerischer Konventionen.

Siebdruck Bei diesem Druckverfahren wird Farbe oder Tinte aufgetragen, indem sie durch ein feines Sieb gepresst wird. Werden bestimmte Teile des Siebs undurchlässig gemacht, kann die Farbe nicht durchdringen und entsteht ein Design.

Sperrholz Wirtschaftlich genutzter Holzwerkstoff, wobei dünne Schichten zusammengeleimt und dabei jeweils gedreht werden. Seit dem Ende des 19. Jahrhunderts benutzen Künstler Sperrholz als Alternative für Leinwand.

Wachsmalerei Traditionelles Verfahren in der Malkunst, wobei Farbpigmente mit heißem Wachs gemischt werden. Beim Erkalten bindet das Wachs die Pigmente.

ALCHEMIE
JACKSON POLLOCK (1912–1956)

30-Sekunden-Kunst

Im Jahre 1947 gab Pollock seine surrealistisch inspirierte Malerei auf und entwickelte eine radikal neue Form abstrakter Kunst. Er verwendete keinen Pinsel und keinen Maleresel, sondern breitete seine Leinwand auf dem Boden aus und tropfte die Farbe aus der Büchse direkt darauf. Er tropfte, warf und spritzte seine Farben aus allen Richtungen und steuerte den Farbfluss mit einem kleinen Stock. Das augenscheinlich willkürliche Ergebnis sei aber nicht rein zufällig, so Pollock, da der scheinbar spontane Farbfluss von Intuition und Emotion gesteuert werde. „Action Painting" lautete der Ausdruck, mit dem der Kunstkritiker Harold Rosenberg Pollocks energiegeladenen neuen Stil beschrieb. *Alchemie* ist eines der ersten Action Paintings. Da das Gemälde keinen Fokus hat, ist jeder Teil des Bildes gleich bedeutsam. Die Reaktionen waren unterschiedlich. Bei der ersten Ausstellung 1948 in der Betty Parsons Gallery fühlten sich manche Betrachter stark in Verwirrung gebracht, anderen gefielen die Arbeiten. Der einflussreiche Kritiker Clement Greenberg lobte Pollock als den größten amerikanischen Maler des 20. Jahrhunderts. Mit seinen Kollegen Barnett Newman und Willem de Kooning wurde Jack Pollock das Zentrum eines neuen Kunststils: Abstrakter Expressionismus. Mitte der fünfziger Jahre war er bereits der bekannteste Künstler Amerikas – wenn nicht der Welt –, bis ein tödlicher Autounfall im Jahre 1956 seiner kometenhaften Karriere ein plötzliches Ende bereitete.

3-SEKUNDEN-SKIZZE
Dieses chaotische Gewirr aus getropften Linien und Farbspritzern ist ein frühes Beispiel der berühmten Tropftechnik, die Pollock internationalen Ruhm einbrachte.

3-MINUTEN-INFO
Die Interpretationen dieses Gemäldes bezogen sich meistens auf seinen evokativen Titel, der allerdings nicht von Pollock stammt, sondern von seinem Freund und Nachbarn Ralph Manheim. Pollock beklagte sich später darüber, dass derartige Titel den Betrachter nur dazu anregen, vorgefasste Bedeutungen zu suchen, anstatt ein Gemälde für sich selbst sprechen zu lassen. Später verzichtete Pollock ganz auf Titel und nummerierte seine abstrakten Werke einfach.

DETAILS
Ölfarbe auf Gewebe, 1947
114,6 x 221,3 cm
Guggenheim Collection, Venedig

3-SEKUNDEN-BIOGRAFIE
BETTY PARSONS
1900–1982
Künstlerin und Galeriebesitzerin, die Pollocks radikal neuen Malstil unterstützte.

HAROLD ROSENBERG
1906–1978
Amerikanischer Kunstkritiker, prägte den Begriff „Action Painting".

30-SEKUNDEN-TEXT
David Trigg

Obwohl Pollocks neue Maltechnik viele Betrachter in Verwirrung brachte, galt er bald als führender Künstler seiner Generation.

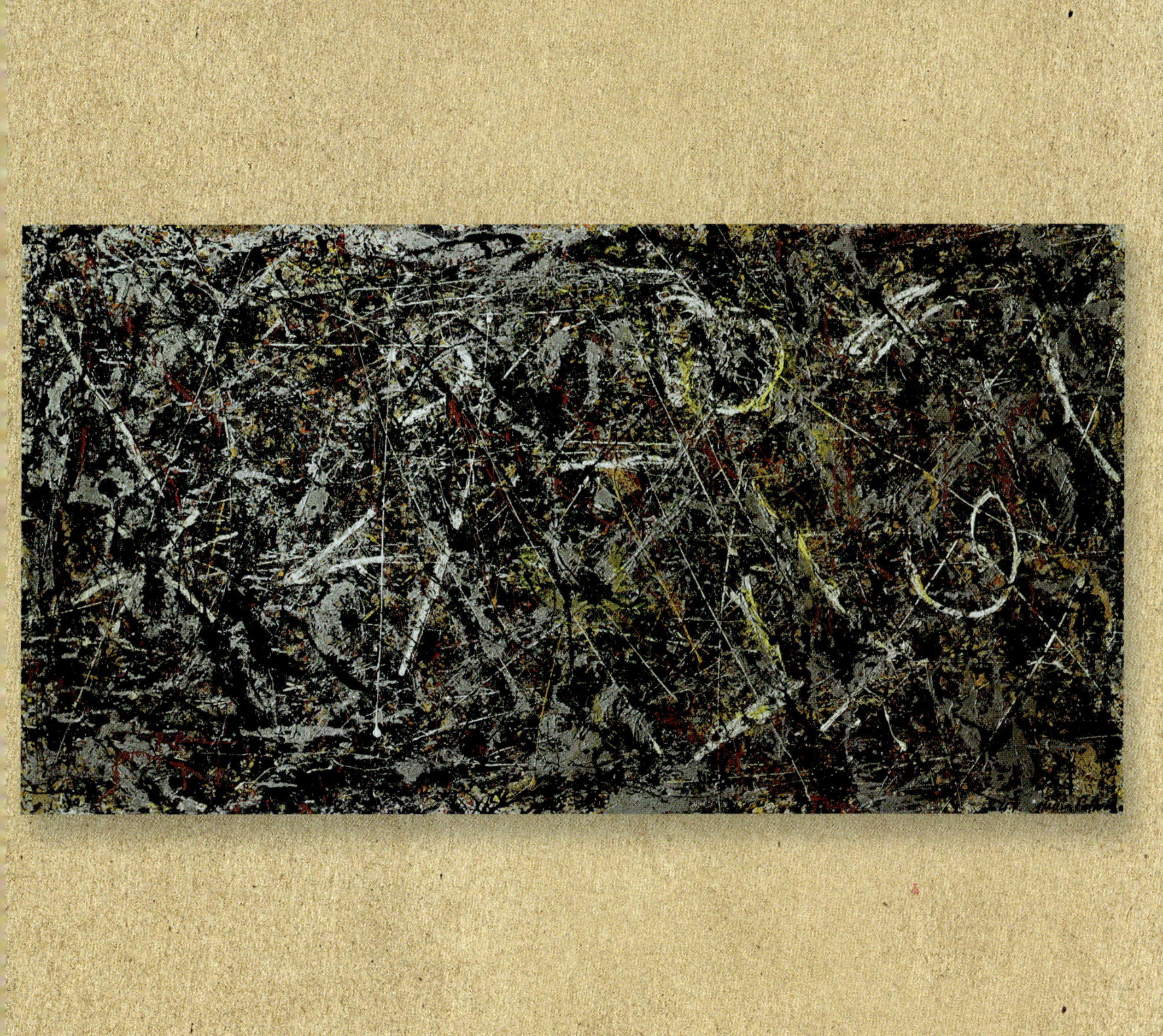

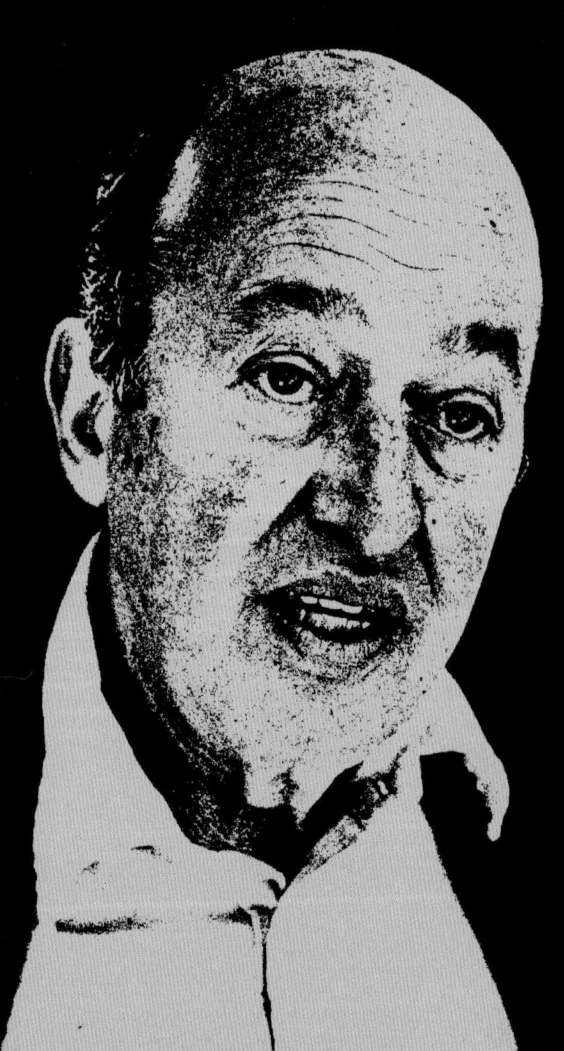

1909
Am 16. Januar geboren in The Bronx, New York.

1930
Schließt sein Studium der englischen Literatur an der Syracuse University ab.

1937
Veröffentlicht erste Kunstkritiken in kleinen Zeitschriften und literarischen Journalen.

1939
Veröffentlicht den einflussreichen Aufsatz „Avantgarde und Kitsch“ im *Partisan Review*

1942
Wird Kunstkritiker der links orientierten Zeitschrift *Nation* (1942–1949)

1955
Schreibt den Aufsatz „American Type Painting“, eines der wichtigsten Artikel über die Entwicklung der modernen Kunst.

1960
Veröffentlicht „Modernist Painting“, einen wichtigen Aufsatz, in dem er seine Ästhetik darstellt.

1961
Veröffentlichung von *Art and Culture*, eine Anthologie seiner Essays.

1964
Wird Kurator der „Post-Painterly Abstraction Exhibition“ im Los Angeles County Museum of Art.

1994
Stirbt am 7. Mai in New York.

CLEMENT GREENBERG

Clement Greenberg war einer der bedeutendsten Kunstkritiker des 20. Jahrhunderts. Seine Aufsätze haben Generationen von Künstlern, Kritikern und Historikern beeinflusst. Greenberg prägte die Rezeption des Abstrakten Expressionismus und unterstützte Jackson Pollock. Er beriet mehrere Galerien und viele Künstler profitierten von seiner persönlichen Förderung.

In seinem berühmtesten Essay „Avantgarde and Kitsch" (1939), argumentierte er, die wichtigste Funktion der Avantgarde sei es, die Kultur im Kapitalismus am Leben zu halten. Ob Kunst hierin erfolgreich sei, entscheide über ihre Zugehörigkeit zur „High Art" (Hohe Kultur) oder „Low Art" (Massenkultur), ein Thema, das in der Kunstkritik in der zweiten Hälfte des 20. Jahrhunderts heftig diskutiert wurde.

Greenberg betonte die Überlegenheit amerikanischer Avantgardekünstler gegenüber den Europäern nach dem Zweiten Weltkrieg. In seinem Essay „American-Type Painting" von 1955, einer seiner bedeutendsten Beiträge über die Entwicklung der modernen Kunst, bekannte Greenberg sich zum Abstrakten Expressionismus. Er rühmte die Werke von Jackson Pollock, Willem de Kooning, Barnett Newman und Clyfford Still wegen ihres Umgangs mit der Fläche der Leinwand, was für ihn den größten Fortschritt in der Malerei bedeutete. Die moderne Kunst sei – wie er 1960 in seinem Essay „Modernist Painting" erläuterte – ein Fortschreiten in die Richtung reiner Abstraktion. Diese Entwicklung habe mit den Experimenten von Manet und Paul Cézanne angefangen.

Greenberg vertrat die formalistische Theorie, dass Gemälde völlig abstrakt und keine externe Bezüge haben sollten, damit sie die Aufmerksamkeit des Betrachters auf ihre Materialität lenken. Im Jahre 1964 prägte er den Begriff „Postpainterly Abstraction" und beschrieb damit eine neue Generation von Künstlern, deren Gemälde sich durch Colour Fields und Hard-Edge-Technik charakterisierten. Die großen Leinwände von Kenneth Noland und Jules Olitski mit ihren Farbfeldern und spärlichen Oberflächendetails stellten für ihn den logischen nächsten Schritt in der Evolution der modernen Kunst dar.

Mit der Veröffentlichung von *Art and Culture* im Jahre 1961, einer Sammlung einflussreicher Aufsätze, wurden Greenbergs Ideen einem breiten Publikum bekannt. Obwohl er auch jüngere Kritiker beeinflusste, stellte ab 1970 eine neue Generation von Künstlern und Kritikern den von ihm behaupteten Gegensatz zwischen politisch engagierter Kunst und postmodernistischen Konzepten in Frage. Dennoch ist der Einfluss Greenbergs auf die moderne Kunst noch immer sehr groß.

David Trigg

STUDIE NACH VELÁZQUEZ PORTRÄT VON PAPST INNOZENZ X.

FRANCIS BACON (1909–1992)

30-Sekunden-Kunst

3-SEKUNDEN-SKIZZE

In diesem Gemälde, das zu den berühmtesten Werken Bacons gehört, kommt vieles zusammen: Surrealismus, sowjetische Filme, Alte Meister und das Grauen des Krieges.

3-MINUTEN-INFO

Obwohl selbst Atheist, war Bacon vom Papsttum fasziniert. Immer wieder kehrte er zum Porträt von Velázquez zurück und schuf in den fünfziger und frühen sechziger Jahren mehr als 45 Variationen dieses Meisterwerks aus dem 17. Jahrhundert. Bacon, der ausschließlich nach Fotografien und Reproduktionen arbeitete, hat das Original nie gesehen. Bei einem Besuch in Rom 1954 vermied er es sogar, sich den Velázquez im Palazzo Diria anzusehen.

Das Gemälde zeigt einen schreienden Papst, der nach seiner vergoldeten Krone greift, als ob er mitten in einer apokalyptischen Katastrophe gelandet sei. Das angstverzerrte Gesicht des Papstes scheint sich in aggressiven vertikalen Pinselstrichen aufzulösen. Das helle Violett und Gelb für Gewand und Thron geben der surrealen Komposition zusätzliche Energie. Bacon ließ sich bei diesem Papstporträt vom spanischen Maler Velázquez inspirieren, der Papst Innozent X. 1650 porträtierte. Maler haben immer Werke anderer Künstler kopiert, aber hier zersetzte Bacon sein Vorbild, indem er aus einer kraftvollen und zuversichtlichen Gestalt einen verletzlichen und hilflosen Menschen machte. Der Gesichtsausdruck des Papstes wurde vom Close-up der schreienden Krankenschwester aus dem Film *Panzerkreuzer Potemkin* von Sergei Eisenstein (1925) inspiriert. Derselbe Schrei erscheint im Werk Bacons bei Geschäftsleuten, Politikern und sich windenden menschenähnlichen Figuren. Er verkörpert das Entsetzen der Welt über den Holocaust der Nazis, das die Welt nach Ende des Krieges ergriff. Bacon war ein leidenschaftlich engagierter Maler und einer der erfolgreichsten englischen Künstler des 20. Jahrhunderts. Er schuf viele kraftvolle Darstellungen der traumatisierten Menschheit der Nachkriegszeit.

DETAILS

Ölfarbe auf Leinwand, 1953
153 x 118 cm
Des Moines Art Center, USA

3-SEKUNDEN-BIOGRAFIE

DIEGO VELÁZQUEZ
1599–1660
Spanischer Maler, Hofmaler von König Philipp IV.

SERGEI EISENSTEIN
1898–1948
Sowjetischer Regisseur. Bacon betrachtete den Film *Panzerkreuzer Potemkin* aus 1925 als Inspirationsquelle für seine Gemälde.

DAVID SYLVESTER
1924–2001
Führender englischer Kunstkritiker und einflussreicher Kenner des Werks von Francis Bacon.

30-SEKUNDEN-TEXT

David Trigg

Eine Stimmung alptraumhaften Schreckens liegt über diesem hintergründigen Porträt eines schreienden Papstes.

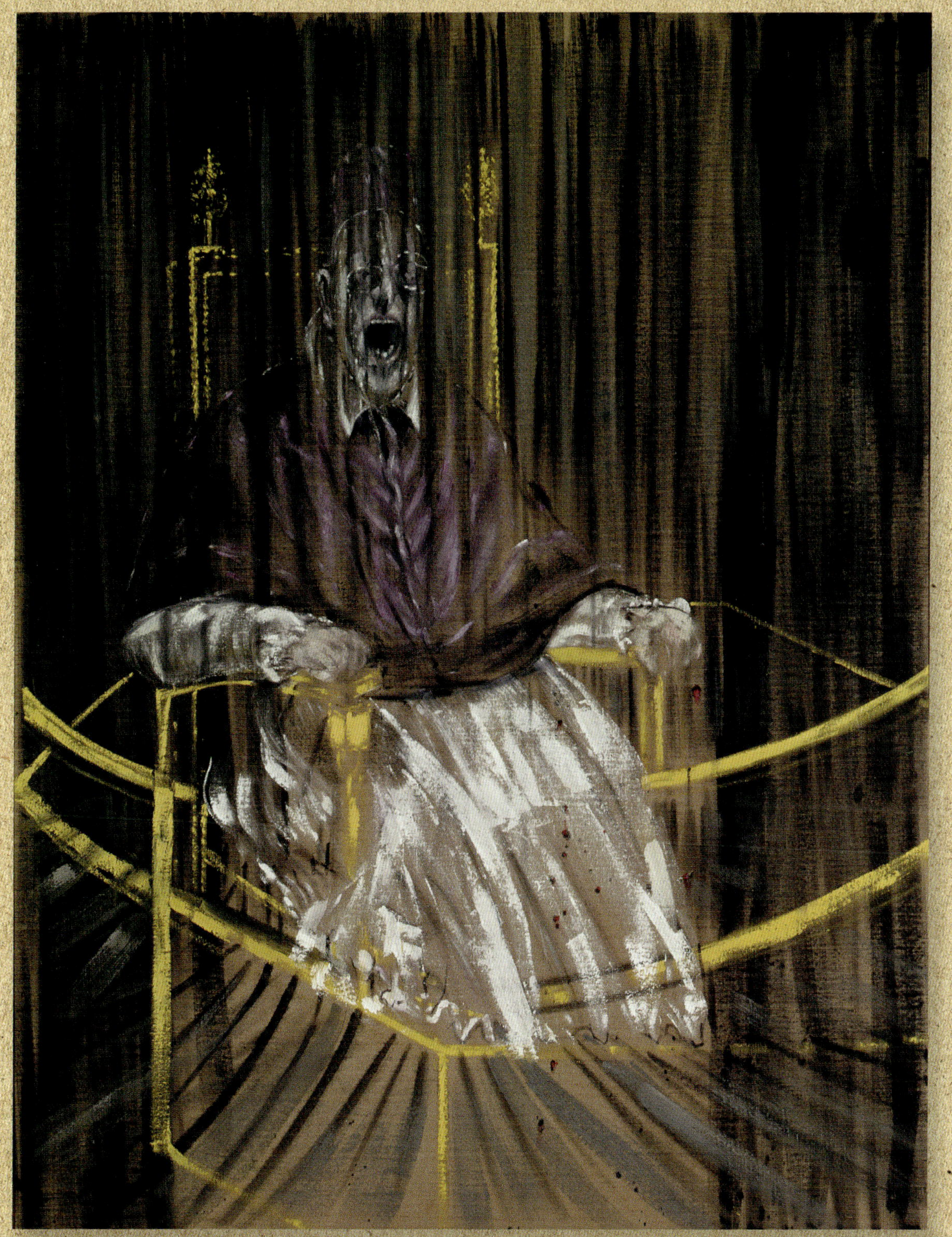

FLAGGE

JASPER JOHNS (1930–)

30-Sekunden-Kunst

Als dieses Gemälde entstand, beherrschte der Abstrakte Expressionismus die amerikanische Kunstszene. Johns jedoch widersetzte sich der Auffassung, dass die Malerei dem Selbstausdruck des Subjekts dienen sollte. Er wählte alltägliche Symbole, wie Flaggen und Schießscheiben, um einen völlig neuen Typ Kunstwerk zu schaffen. Anstelle von Ölfarbe verwendete er Streifen Zeitungspapier, die er in Enkaustik tauchte, eine Mischung aus Farbpigment und geschmolzenem Wachs. Das Bild besteht aus drei Paneelen und hat eine dicke Struktur, durch die man die Fetzen mit Zeitungsartikeln gerade noch erkennen kann. Mit diesem Bild will Johns den Betrachter dazu anregen, die allgegenwärtige amerikanische Flagge neu zu betrachten und ihre Bedeutung für sich zu bestimmen. Trotz ihres einfachen geometrischen Designs enthält *Flagge* ein Gewebe aus Assoziationen und Bedeutungen: für manche Nationalstolz und Freiheit, für andere Imperialismus und Unterdrückung. Die widersprüchlichen Assoziationen bei den „Stars and Stripes" wurden zu einem wichtigen Thema für Johns, der mehr als 40 Werke auf der Grundlage des Flaggenmotivs schuf. Johns hatte erheblichen Einfluss auf die Entwicklung der amerikanischen Kunst, vor allem auf die Pop Art, deren Wegbereiter er war.

3-SEKUNDEN-SKIZZE

Johns' Gemälde mit der amerikanischen Flagge war eine mutige Reaktion auf den vorherrschenden Stil der damaligen Zeit.

3-MINUTEN-INFO

Johns schuf *Flag* vor dem Hintergrund des Kalten Kriegs. In den frühen fünfziger Jahren wurden Tausende von Amerikanern beschuldigt, Kommunisten oder Sympathisanten zu sein und es wurden patriotische Gefühle geschürt. Senator Joseph McCarthy verursachte mit seiner Hexenjagd auf „Verräter" einen nationalen Verfolgungswahn. In diesem Klima wurde von loyalen Bürgern erwartet, dass sie der amerikanischen Flagge Treue schwören. Obwohl Johns' Gemälde vor diesem Hintergrund zu betrachten ist, bleiben die wahren Absichten des Künstlers vielschichtig.

DETAILS

Enkaustik, Ölfarbe und Collage aus Stoff auf Multiplex, drei Tafeln, 1954.
107,3 x 153,8 cm
MoMA New York

3-SEKUNDEN-BIOGRAFIE

LEO CASTELLI
1907–1999
Italienisch-amerikanischer Kunsthändler, veranstaltete 1958 Johns' erste Soloausstellung in seiner New Yorker Galerie.

JOSEPH MCCARTHY
1908–1957
Amerikanischer Politiker und republikanischer Senator aus Wisconsin (1947–1957). McCarthy glaubte, dass Kommunisten das US State Department infiltriert hätten.

ROBERT RAUSCHENBERG
1925–2008
Amerikanischer Maler, Freund und Partner von Johns, machte ihn in der New Yorker Kunstwelt bekannt.

30-SEKUNDEN-TEXT

David Trigg

Ein vertrauter Anblick wird durch die Verwendung unkonventioneller Materialien verfremdet.

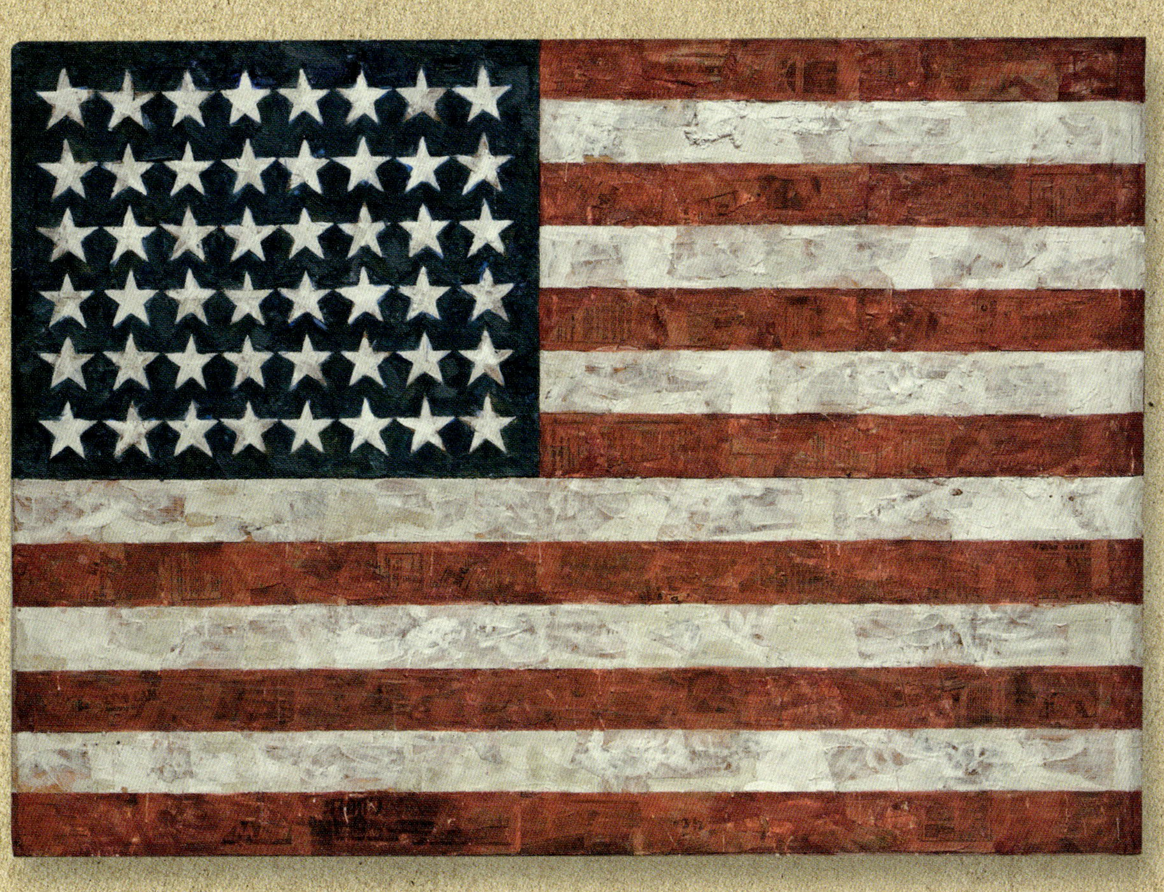

EARLY ONE MORNING

SIR ANTHONY CARO (1924–2013)

30-Sekunden-Kunst

Caros an eine Industrieanlage erinnernde Konstruktion aus Metallplatten und Stangen erstreckt sich über den Boden der Galerie. Diese flammend rote Struktur leitete in den sechziger Jahren eine neue Entwicklung in der englischen Bildhauerkunst ein. Caro, in den frühen fünfziger Jahren Assistent bei Henry Moore, ließ sich von den geschweißten Metallskulpturen des amerikanischen Künstlers David Smith dazu inspirieren, mit industriellen Materialien zu experimentieren. Seiner Meinung nach würden Stahl und Aluminium mehr Balance und Spannung ermöglichen als andere Medien. Caros Skulpturen sind völlig abstrakt und beziehen sich nur auf sich selbst. Der Künstler arbeitete intuitiv und setzte *Early one morning* Stück für Stück zusammen, wobei es ihm primär um die Realisierung harmonischer Beziehungen zwischen den einzelnen Elementen ging. Im Unterschied zur figurativen Skulptur gibt es keinen primären Standpunkt, der Betrachter kann um das Kunstwerk herumgehen und es unter jedem beliebigen Winkel betrachten. Mit seinen Werken erweiterte Caro das Konzept der Skulptur. Indem er auf den traditionellen Sockel verzichtete und seine Werke direkt auf den Boden stellte, befreite er sein Werk von der Last der Kunstgeschichte.

3-SEKUNDEN-SKIZZE
Diese riesige, farbige Skulptur aus geschweißtem Stahl und Aluminium leistete in den sechziger Jahren einen wichtigen Beitrag zur Entwicklung der englischen Bildhauerkunst.

3-MINUTEN-INFO
Caro baute diese Skulptur in der Garage seines Hauses in London. Sie wurde schließlich so groß, dass die Garagentüren offen bleiben mussten, bis sie fertiggestellt war. Ursprünglich war die Skulptur grün lackiert, aber auf Anraten seiner Frau veränderte Caro die Farbe in Rot. Das Werk enthält keinerlei Bezug zur Außenwelt, ist jedoch nach einem englischen Volkslied benannt: Eine Anspielung darauf, dass Caro Bildhauen oft mit dem Komponieren von Musik verglich.

DETAILS
Stahl und Aluminium, lackiert.
289,6 x 619,8 x 335,3 cm
Tate Collection, London

3-SEKUNDEN-BIOGRAFIE

HENRY MOORE
1898–1986
Englischer Bildhauer, berühmt für seine monumentalen, semi-abstrakten Bronzeskulpturen.

DAVID SMITH
1906–1965
Abstrakter, amerikanischer Bildhauer und Maler, bekannt für seine riesigen Skulpturen aus geschweißtem Stahl.

30-SEKUNDEN-TEXT
David Trigg

Diese großformatige Skulptur machte Caro zu einem der führenden jungen Künstler Englands.

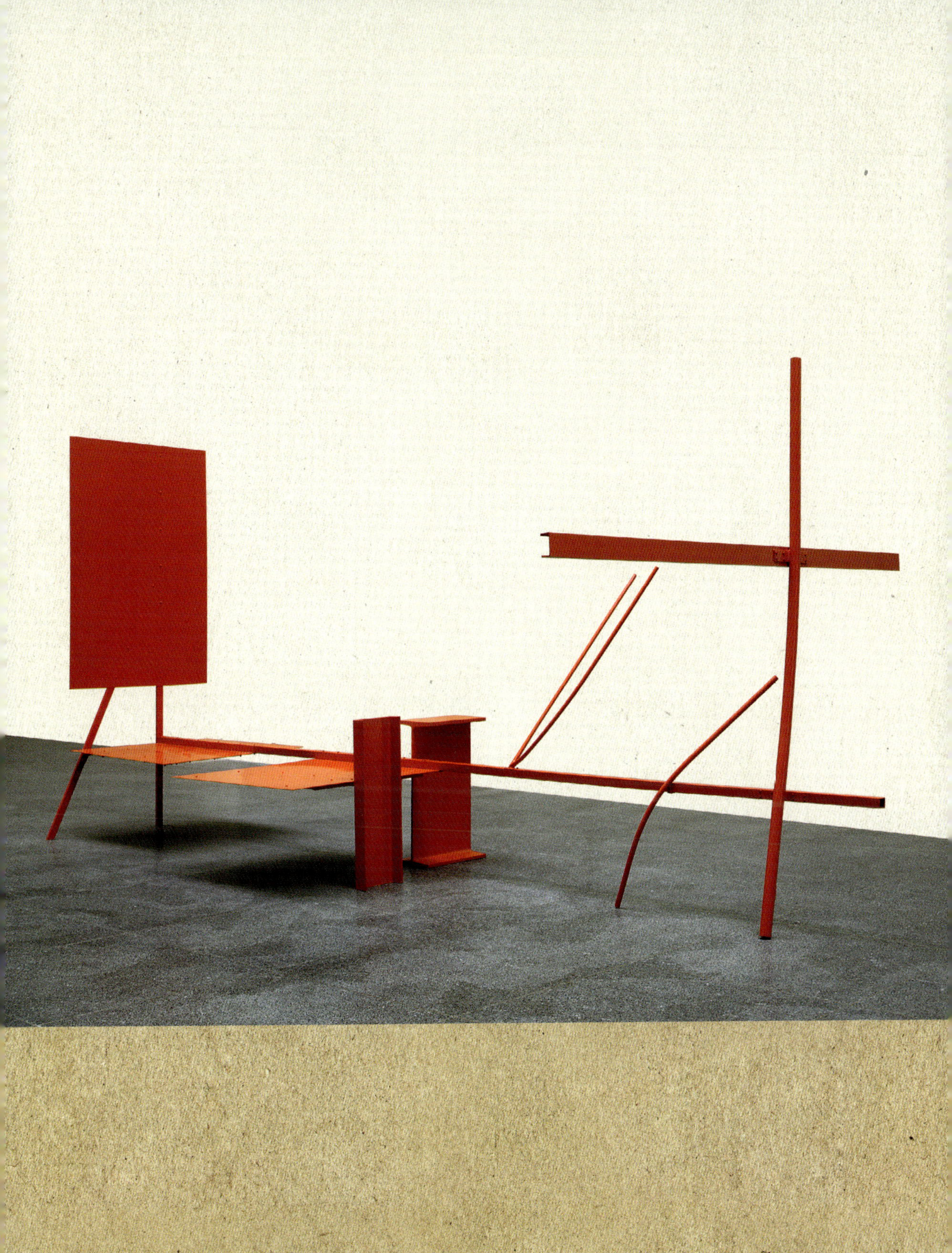

BRILLO BOX (SOAP PADS)
ANDY WARHOL (1928–1987)

30-Sekunden-Kunst

Die zahlreichen *Brillo Boxes* von Andy Warhol imitieren die farbenfrohe Verpackung eines kommerziellen Produkts. Sie wurden zum ersten Mal – zusammen mit anderen Nachbildungen bekannter Produktverpackungen – in der Eleanor Wards Stable Gallery in New York ausgestellt. Gerard Malanga unterstützte Warhol bei der Herstellung der Multiplex-Nachbildungen in The Factory, dem New Yorker Studio des Künstlers. Die von Warhol geliebte Siebdrucktechnik ermöglichte es, viele Kopien des gleichen Bilds rasch und einfach herzustellen. Warhol war Maler, Grafiker und Filmemacher und einer der wichtigsten Repräsentanten der ersten Generation amerikanischer Pop Art Künstler. In seinen Objekten thematisiert er die populäre Kultur, Massenmedien und Konsum. In den sechziger Jahren wurde Warhol zur Kultfigur, er beeinflusste Generationen von Künstlern. Seine *Brillo Boxes* sind vom Original durch James Harvey praktisch nicht zu unterscheiden. In dem Rahmen stellen sich fundamentale Fragen über Kunst, und über die Kriterien zur Unterscheidung von Kunstwerken von identisch aussehenden Objekten, die nicht als Kunst intendiert sind. Wie bei vielen anderen Werken schwieg Warhol darüber. Der Betrachter hat die Wahl, ob sie für ihn eine Verherrlichung oder eine subtile Kritik der Konsumkultur darstellen.

3-SEKUNDEN-SKIZZE
Warhols lebensgroße Nachbildungen von Werbeverpackungen der Brillo-Company wurden aus Multiplex gefertigt und mit Siebdrucktechnik bemalt.

3-MINUTEN-INFO
Mit seinen Gemälden von Campbell-Suppenbüchsen schockierte Warhol 1962 die Kunstwelt. Die *Brillo Boxes* und verwandte Skulpturen waren Höhepunkte von Warhols frühem Schaffen, das durch die amerikanische Nachkriegs-Konsumgüterkultur inspiriert wurde. Campbell und Brillo betrachtete er als Symbole. Um dies zu betonen, zeigte Warhol die Dosen genauso aufeinandergestapelt, wie sie im Supermarkt stehen, und verwandelte damit banale Konsumobjekte in Ikonen der Gegenwartskultur.

DETAILS
Synthetische Polymerfarbe und Siebdruck-Tinte auf Holz, 1964.
43,3 x 43,2 x 36,5 cm
MoMA, New York

3-SEKUNDEN-BIOGRAFIE

ELEANOR WARD
1911–1984
Kunsthändlerin, veranstaltete 1962 Warhols erste Pop Art Soloausstellung in ihrer New Yorker Galerie.

JAMES HARVEY
1929–1965
Werbedesigner, entwarf das von Warhol verwendete Brillo-Logo.

GERARD MALANGA
1943–
Amerikanischer Dichter und Fotograf, in den sechziger Jahren einer der engsten Mitarbeiter Warhols.

30-SEKUNDEN-TEXT
David Trigg

Warhol wurde vor allem als Maler berühmt. Unter seinen relativ wenigen Skulpturen sind diese Brillo-Boxen Ikonen der Pop Art.

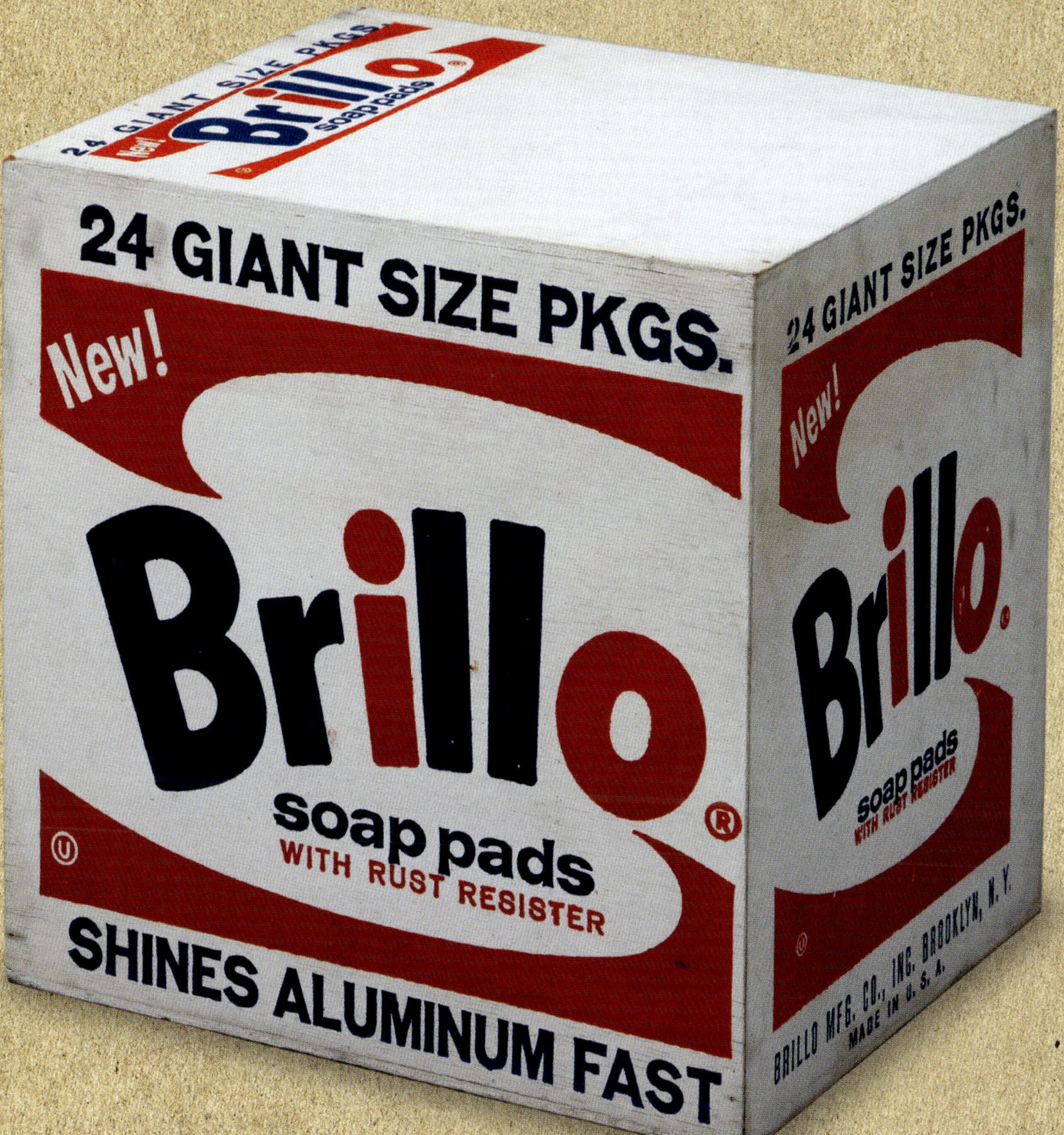

24 GIANT SIZE PKGS.
New!
Brillo
soap pads
24 GIANT SIZE PKGS.
New!
Brillo
soap pads
WITH RUST RESISTER
SHINES ALUMINUM FAST
24 GIANT SIZE PKGS.
New!
Brillo
soap pads
WITH RUST RESISTER
BRILLO MFG. CO., INC. BROOKLYN, N.Y.
MADE IN U.S.A.

CATARACT 3

BRIDGET RILEY (1931–)

30-Sekunden-Kunst

Wellen aus Rot, Türkis und Grau breiten sich in einem repetitiven Muster über eine weiße Leinwand aus. Die Farben scheinen zu vibrieren und erzeugen ein subtiles Gefühl von Bewegung. Derartige visuelle Illusionen sind charakteristisch für die Gemälde von Bridget Riley. Ihre Faszination für optische Effekte entstand aus ihrer Bewunderung für Georges Seurat, dessen figurative Gemälde aus Tausenden von kleinen Farbpunkten bestehen (Pointillismus). Erst durch die Interpretationsleistung von Auge und Gehirn entstehen hieraus für den Betrachter aus einer gewissen Entfernung Objekte. Wie Seurat überlässt auch Riley nichts dem Zufall. Mit akribischer Präzision entwirft sie ihre Kompositionen zunächst auf Papier, bevor sie sie auf Leinwand überträgt. Riley, deren Karriere sechs Jahrzehnte überspannt, war in den 60er Jahren eine führende Vertreterin der Op Art, ein Kunststil, der durch das Zusammenspiel von Linien, Formen und Mustern eine Illusion von Bewegung erzeugen wollte. Nach ihrer ersten Ausstellung in der einflussreichen Galerie von Victor Musgrave in London wurden Rileys Arbeiten berühmt und inspirierten auch Designer in Mode und Innenarchitektur, was manchmal zu Klagen wegen Urheberrechtsverletzung führte.

3-SEKUNDEN-SKIZZE

Wogende Farbbänder, die mit mathematischer Präzision gemalt sind, rufen einen schimmernden optischen Effekt hervor, der Bewegung und Tiefe suggeriert.

3-MINUTEN-INFO

Dieses Gemälde gehört zu den *Cataract*-Serien von Bridget Riley. Es entstand zu einem entscheidenden Moment in ihrer Karriere, als die Künstlerin dazu überging, Farbe in ihren bisher nur in Schwarz und Weiß ausgeführten Gemälden zu benutzen. Dieser Entschluss bereicherte ihre Arbeit und wurde von der Kunstkritik sehr positiv aufgenommen. Kurz nach Beendigung dieser Serie wurde Riley 1968 die erste Engländerin, und zugleich die erste Frau, die den internationalen Preis für Malerei auf der Biennale in Venedig gewann.

DETAILS

PVA-Emulsion auf Leinwand, 1967

221,9 x 222,9 cm

British Council Collection

3-SEKUNDEN-BIOGRAFIE

GEORGES SEURAT

1859–1891

Französischer post-impressionistischer Maler, der mit seinem innovativen pointillistischen Stil Rileys Werk stark beeinflusst hat.

VICTOR MUSGRAVE

1919–1984

Führender englischer Kunsthändler und Begründer der Gallery One. Veranstaltete 1962 Rileys erste Soloausstellung.

30-SEKUNDEN-TEXT

David Trigg

Dieses Gemälde sieht wie maschinell gefertigt aus, wurde jedoch mit äußerster Präzision von Hand gemalt.

THE WHITE DISEASE
MARLENE DUMAS (1953–)

30-Sekunden-Kunst

Dieses große Porträt nach einem medizinischen Foto zeigt eine anonyme südafrikanische Frau, deren Gesicht von einer furchtbaren Hautkrankheit entstellt ist. Das Gesicht der Patientin ist in mehreren Schichten durchscheinender Farbe gemalt und wirkt zart und blass, ihre blauen Augen blicken den Betrachter hoffnungslos an. Wie in vielen anderen Gemälden und Zeichnungen stellt Marlene Dumas die Figur isoliert und allein vor einem neutralen Hintergrund dar. Rasse, Geschlecht und Leiden sind immer wiederkehrende Themen in Dumas' figurativen Gemälden, die Berühmtheiten, Modelle, Babys und hier anonyme Gesichter darstellen. Obwohl sich Dumas durch die Verwendung von Bildern und Zeitungsfotografien von ihren Objekten distanziert, sind persönliche Erinnerungen und Erfahrungen immer Ausgangspunkt ihrer Kunst. In diesem Fall bezieht sich der Titel des Gemäldes nicht auf die Frau, sondern auf die politische Situation in ihrer Heimat Südafrika unter dem brutalen Apartheidsregime von Präsident P. W. Botha. Dumas wuchs in den sechziger und siebziger Jahren in Südafrika auf und erlebte selbst die institutionalisierte Diskriminierung und Rassentrennung, die weiße Bürger bevorzugte und die schwarze Mehrheit unterdrückte. Für Dumas ist die Identität dieser Frau unwichtig. Das Bild dient als Metapher, als ein Porträt der destruktiven Krankheit, die Rassismus heißt.

3-SEKUNDEN-SKIZZE

Dieses anonyme Porträt einer Frau mit einer entstellenden Hautkrankheit ist als kraftvolles politisches Statement gemeint.

3-MINUTEN-INFO

The White Disease gehört zu einer Serie eindrucksvoller Porträts mit dem Titel „The Eyes of the Night Creatures" (1985). Jedes Porträt beruht auf einem anonymen Foto. Dumas malte dieses Werk, als die südafrikanische Regierung immer mehr inländischem Druck und internationaler Kritik ausgesetzt wurde. Die Massenproteste in den achtziger Jahren wurden zwar brutal niedergeschlagen und unterdrückt, aber Bothas Regime fing an, langsam auseinanderzufallen.

DETAILS

Ölfarbe auf Leinwand, 1985
130,5 x 110,5 cm
Privatsammlung

3-SEKUNDEN-BIOGRAFIE

P. W. BOTHA
1916–2006
Zuerst Premierminister, später Präsident von Südafrika. Führte das Land 1978–1989 während einer Zeit heftiger politischer Unruhen.

30-SEKUNDEN-TEXT

David Trigg

Marlene Dumas' geheimnisvolle Gemälde fordern die traditionelle Porträtmalerei heraus, indem sie größere gesellschaftliche Themen ansprechen.

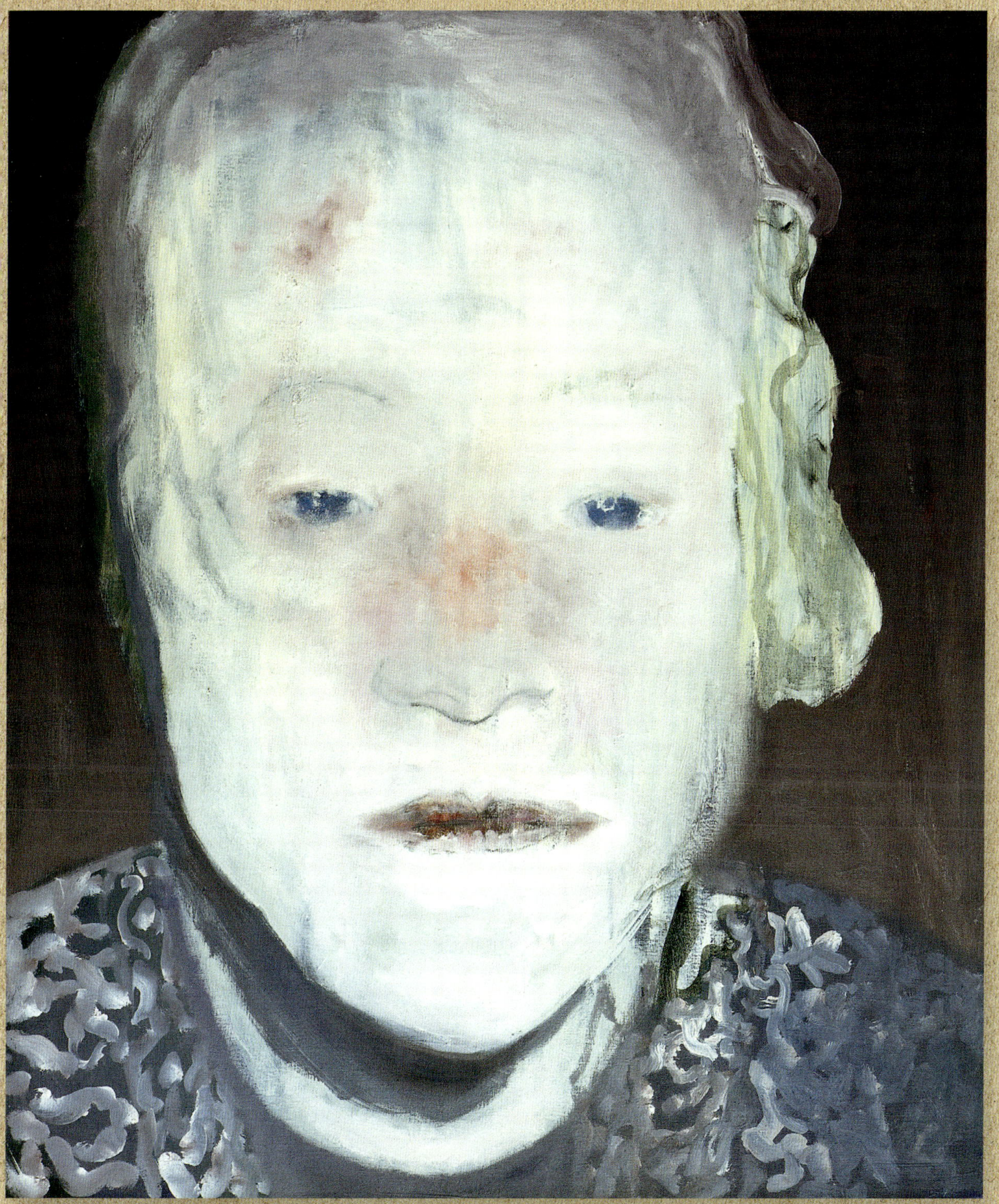

LINE OF CONTROL
SUBODH GUPTA (1964–)

30-Sekunden-Kunst

Eine enorme Pilzwolke aus glänzenden Objekten, neben der die Besucher klein wirken, beherrscht die Galerie. Diese imponierende Skulptur des indischen Künstlers Gupta besteht aus Tausenden von Gefäßen aus rostfreiem Stahl: Töpfe, Pfannen und die allgegenwärtigen Tiffin-Lunchbehälter, die überall auf dem indischen Subkontinent benutzt werden. Diese Gegenstände repräsentieren nicht nur Häuslichkeit und tägliche Routine, sondern auch ein Land, das sich in rascher wirtschaftlicher Expansion befindet. Die Verwendung massenhaft hergestellter Küchengeräte erinnert an die Readymade-Skulpturen von Marcel Duchamp. Gupta kehrt die ursprüngliche Funktion dieser Produkte um, indem er sie in ein riesiges massives Metallobjekt einarbeitet. Der Titel bezieht sich auf umstrittene Grenzen, wie die stark überwachte Grenze zwischen Jammu (Indien) und Kaschmir (Pakistan). 1999 löste diese Grenze fast einen atomaren Konflikt aus, der nach apokalyptischen Vorhersagen zu unübersehbarer Zerstörung und Millionen von Toten geführt hätte. Mit dieser Skulptur aus normalen alltäglichen Gegenständen spielt Gupta auf die katastrophalen Folgen an, die der Gebrauch von Atomwaffen auf das tägliche Leben haben wird.

3-SEKUNDEN-SKIZZE
Einfache Küchengegenstände aus dem häuslichen Leben in Indien werden in ein erschreckendes Symbol von Vernichtung verwandelt: eine ernüchternde Anspielung auf die globale nukleare Bedrohung.

3-MINUTEN-INFO
Nachdem Kiran Nadar die Skulptur erworben hatte, musste zunächst der Boden des Museums verstärkt werden, bevor das monumentale Kunstwerk in Neu-Delhi aufgestellt werden konnte. Ironischerweise fiel die Enthüllung im April 2012 mit einem Agni-V Atomraketentest zusammen, die der Welt Indiens militärische Überlegenheit zeigen sollte. Dies machte Guptas Antikriegs-Werk umso eindringlicher.

DETAILS
Objekte aus rostfreiem Stahl und Stahlstruktur.
Höhe 10 m, Breite 10 m, Durchmesser 10 m
Gewicht 26.000 kg
Kiran Nadar Museum of Art, Neu-Delhi

3-SEKUNDEN-BIOGRAFIE

KIRAN NADAR
1951–
Indischer Kunstsammler, Philanthrop und Begründer des Kiran Nadar Museum of Art in Neu-Delhi.

MARCEL DUCHAMP
1887–1968
Einflussreicher französischer Künstler und Pionier konzeptioneller Kunst. Duchamp betrachtete die Idee als wichtig für künstlerische Innovation.

30-SEKUNDEN-TEXT
David Trigg

Eine hoch aufragende Pilzwolke aus 26 Tonnen Töpfen und Pfannen symbolisiert die Bedrohung des Nuklearkriegs.

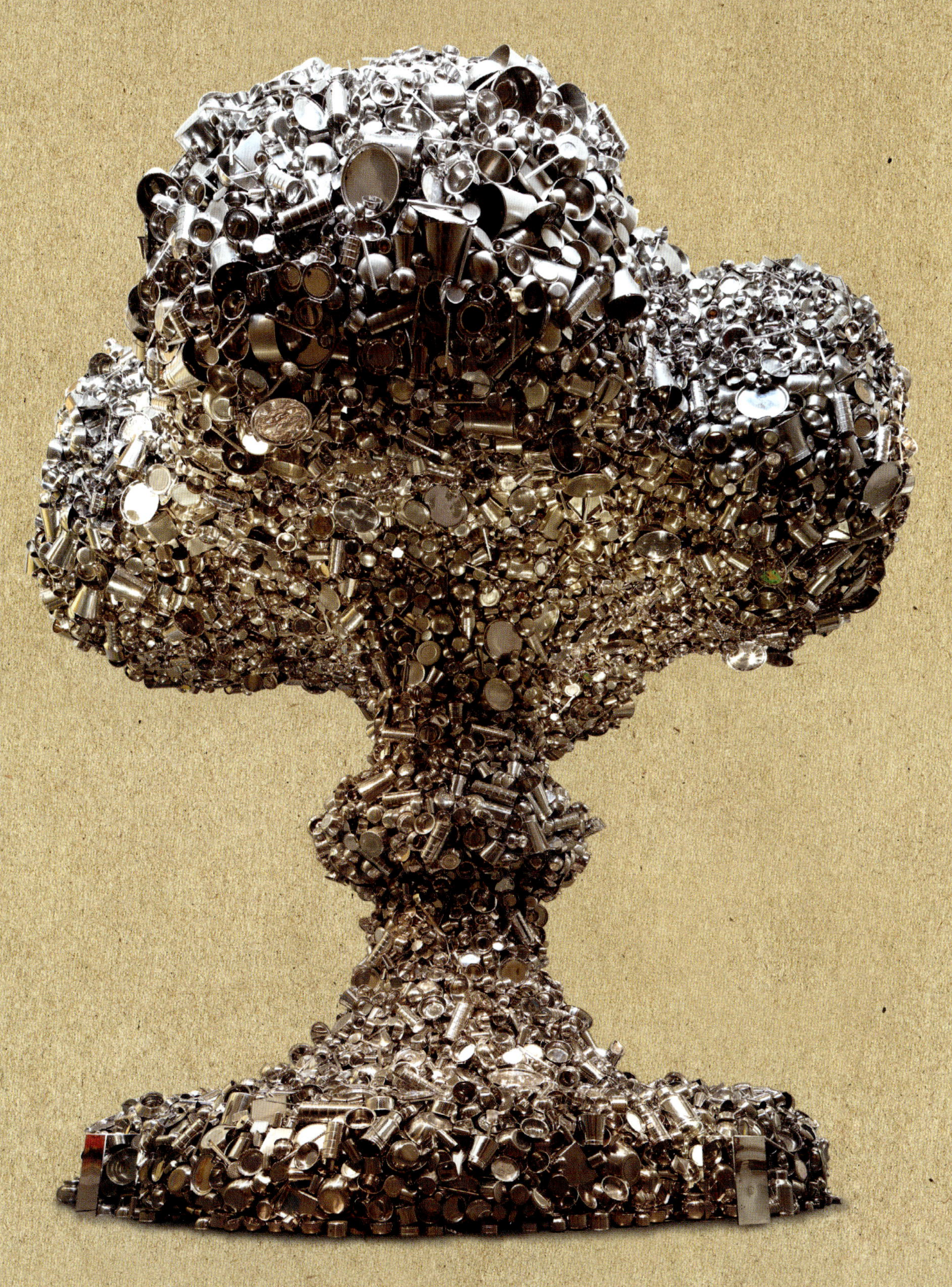

ANHÄNGE

QUELLEN

Bücher

Art in Time: A World History of Styles and Movements
Noit Banai, Gauvin Alexander Bailey, Lee Beard, Lucy Bowditch et al.
(Phaidon, 2014)

Art in Renaissance Italy 1350–1500
Evelyn Welch
(Oxford University Press, 2000)

The Art of the Northern Renaissance
Craig Harbison
(Laurence King, 2012)

Painting and Experience in Fifteenth-Century Italy
Michael Baxandall
(Oxford University Press, 1988)

Beyond Caravaggio
Letizia Treves, Aidan Weston-Lewis, Gabriele Finaldi, Christian Tico Seifert, Adriaan Waiboer
(Yale University Press, 2016)

Portraiture
Shearer West
(Oxford University Press, 2004)

Art and Visual Culture 1600–1850. Academy to Avant-Garde
Emma Barker
(Tate Publishing, 2012)

Neoclassicism
David Irwin
(Phaidon, 1997)

Romanticism and Art
William Vaughan
(Thames & Hudson, 1994)

Landscape and Western Art
Malcolm Andrews
(Oxford University Press, 1999)

Pre-Raphaelites: Victorian Avant-Garde
Tim Barringer, Jason Rosenfeld, Alison Smith
(Tate Publishing, 2012)

The Painting of Modern Life: Paris in the Art of Manet and His Followers
T. J. Clark
(Princeton University Press, 1999)

English Art and Modernism 1900–1939
Charles Harrison
(Yale University Press, 1981)

Art in France, 1900–1940
Christopher Green
(Yale University Press, 2003)

Dada and Surrealism
Matthew Gale
(Phaidon, 1997)

Art Since 1900: Modernism, Antimodernism, Postmodernism
Hal Foster, Rosalind Krauss, Yve-Alain Bois, Benjamin H. D. Buchloh
(Thames & Hudson, 2004)

Themes in Contemporary Art
Gill Perry, Paul Wood
(Yale University Press, 2004)

The Art Book
Lee Beard, Adam Butler, Claire Van Cleave, Diane Fortenberry, Susan Sterling
(Phaidon, new edition, 2012)

The Art of Art History: A Critical Anthology
Donald Preziosi
(Oxford University Press, 1998)

WEBSITES

Artcyclopedia
www.artcyclopedia.com

Dictionary of Art Historians
www.dictionaryofarthistorians.org

Gallerie degli Uffizi, Florence
www.uffizi.it

Musée du Louvre, Paris
www.louvre.fr

Museo del Prado, Madrid
www.museodelprado.es

Museum of Modern Art (MoMA), New York
www.moma.org

National Gallery, London
www.nationalgallery.org.uk

Routledge Encyclopedia of Modernism
www.rem.routledge.com

Web Gallery of Art
www.wga.hu

Zu den Mitarbeitern

HERAUSGEBER

Lee Beard ist unabhängiger Kunsthistoriker und Herausgeber. Er studierte an der University of Manchester und dem Courtauld Institute of Art, wo er auch Gastdozent ist. Er ist Experte für die Werke von Ben Nicholson (1894–1982) und Herausgeber des *Ben Nicholson Catalogue Raisonné*. Beard veröffentlicht viel über moderne englische Kunst des 20. Jahrhunderts.

AUTOREN

Maria Alambritis ist Stipendiatin der Arts and Humanities Research Council (AHRC) an der National Gallery and Birkbeck, University of London, und promoviert über weibliche Kunsthistorikerinnen des 19. Jahrhunderts, die über Alte Meister in Italien schrieben. Sie hat ihren interdisziplinären BA in Kunstgeschichte und Literatur an der University of East Anglia und ihr Masterdiplom in Courtauld absolviert. Ihre Spezialgebiete sind britische Kunst und Kunstgeschichtsschreibung. Vor ihrer Promotion arbeitete sie als Kurator im Birmingham Museum and Art Gallery und als Assistentin des Kurators an der Royal Academy, London.

Thomas Balfe erhielt seinen Master of Arts (2009) und seinen Doktortitel (2014) am Courtald Institute of Art, University of London, wo er seit 2010 arbeitet. Schwerpunkt seiner Forschungen sind Abbildungen von Tieren, Nahrung und Jagd im 16. und 17. Jahrhundert.

Simona Di Nepi ist Kuratorin und Dozentin. Sie arbeitete als Kurator-Assistentin für Renaissance-Gemälde an der National Gallery, London und war Kuratorin der Ausstellung *Reunions: Bringing Early Italian Paintings Back Together.* Sie veröffentlichte *Duccio to Leonardo: Renaissance Painting from 1250 to 1500* (National Gallery Company, 2009). Heute ist sie Kurator für Judaika am Museum for Fine Arts, Boston.

Elena Greer ist Renaissance-Spezialistin und Autorin an der National Gallery London. Sie erhielt ihren Master of Arts am Courtauld Institute und promovierte über Kunstgeschichte an der University of Nottingham. Sie publizierte über verschiedene Themen, wie Katalogeintragungen von Renaissance-Porträts, venezianische Malerei vom 14. bis zum 18. Jahrhundert, niederländische Malerei sowie über die Geschichte der Sammlung der National Gallery und deren Präsentation.

Paul Harper studierte an der Bucks New University und promovierte an der London Metropolitan University. Er hat große Erfahrung im Kunstmanagement und forscht, lehrt und veröffentlicht an der Middlesex University und der London Metropolitan University über Kunstgeschichte, Kunstphilosophie und Design. Seine Forschungsinteressen liegen heute vor allem im Bereich des Kunsthandwerks. Er war Co-Autor des *The Twenty First Century Art Book* (Phaidon 2014).

Sarah Moulden ist Kuratorin der Collections at English Heritage und spezialisierte sich auf englische Kunst des 18. und frühen 19. Jahrhunderts. Sie absolvierte ihren Master in Kunstgeschichte am Courtauld Institute of Art. Ihre Doktorarbeit schrieb sie an der University of East Anglia in Zusammenarbeit mit „Norwich Castle Museum & Art Gallery" über das Werk und die Karriere des englischen Künstlers John Sell Cotman. Als Kuratorin bei „English Heritage" ist Sarah für die Sammlungen und historischen Räume in Darwins Haus in Down House, sowie Eltham Palace und Rangers House im Süden Londons verantwortlich.

David Trigg ist Kunstkritiker und Schriftsteller und wohnt in Bristol. Er liefert regelmäßig Beiträge zu Büchern über Moderne Kunst, etwa *The Twenty First Century Art Book* (Phaidon 2014) und veröffentlicht Artikel und Besprechungen für Zeitschriften und Periodika, wie *Art Monthly* und *ArtReview*. Er promovierte in Kunstgeschichte an der Universität Bristol und ist Mitglied der International Association of Art Critics.

INDEX

DANKSAGUNGEN

Der Herausgeber dankt den folgenden Instanzen für die Genehmigung, urheberrechtlich geschützte Abbildungen auf den angegebenen Seien zu verwenden:

7 Rijksmuseum, Amsterdam.

8 National Gallery of Art, Washington.

9 Alamy/Heritage Image Partnership Ltd.

15 Getty Images/De Agostini.

17 Getty Images/Mondadori Portfolio.

19 Alamy/World History Archive.

21 Scala, Florenz/Courtesy of the Ministero Beni e Att. Culturali.

25 Alamy/Classicpaintings.

27 Scala, Florenz.

33 Getty Images/Leemage/Corbis.

35 Scala, Florenz/BPK, Bildagentur für Kunst, Kultur und Geschichte, Berlin.

37 Alamy/Granger Historical Picture Archive.

39 Bridgeman Images/© Staatliche Kunstsammlungen Dresden.

41 Getty/VCG Wilson/Corbis.

43 Bridgeman Images/Galleria degli Uffizi, Florenz, Italien.

44 Shutterstock/Georgios Kollidas.

51 Getty Images/Leemage/Corbis.

53 Alamy/Artexplorer.

55 Bridgeman Images/Kunsthistorisches Museum Wien, Österreich.

56 Rijksmuseum, Amsterdam.

61 Bridgeman Images/Prado, Madrid, Spanien.

63 Rijksmuseum, Amsterdam.

65 National Gallery of Art, Washington.

71 Alamy/World History Archive.

73 Yale University Art Gallery.

75 Scala, Florenz/White Images.

77 Bridgeman Images/Louvre, Paris, Frankreich.

79 Alamy/Classicpaintings.

81 Bridgeman Images/Hamburger Kunsthalle, Hamburg, Deutschland.

82 Yale University Art Gallery.

85 Alamy/Heritage Image Partnership Ltd.

87 Alamy/Heritage Image Partnership Ltd.

93 Bridgeman Images/Birmingham Museums and Art Gallery.

95 National Gallery of Art, Washington.

97 Alamy/Granger Historical Pic

103 Getty Images/VCG Wilson/Corbis.

105 J. Paul Getty Museum, Los Angeles. Digital image courtesy of the Getty's Open Content Program.

107 Getty Images.

113 © Succession H. Matisse/DACS 2018. Abbildung: Bridgeman Images/The Barnes Foundation, Philadelphia, Pennsylvania, USA.

115 Getty Images/Mondadori Portfolio.

117 The Metropolitan Museum of Art.

119 © ADAGP, Paris und DACS, London 2018. Abbildung: Alamy/ Heritage Image Partnership Ltd.

121 AKG Images.

122 Getty Images/Lusha Nelson/Condé Nast.

125 © Succession Picasso/DACS, London 2018. Abbildung: © Tate, London 201].

127 © BOWNESS. Abbildung: National Galleries Scotland. Erworben mit Unterstützung des Heritage Lottery Fund, Art Fund und der Henry Moore Foundation 1999.

129 © Banco de México Diego Rivera Frida Kahlo Museums Trust, Mexico, D.F/DACS 2018. Abbildung: Alamy/Granger Historical Picture Archive.

135 © The Pollock-Krasner Foundation ARS, NY and DACS, London 2018. Abbildung: Bridgeman Images/Peggy Guggenheim Foundation, Venedig, Italien.

136 Getty Images/Kenn Bisio/The Denver Post.

139 © The Estate of Francis Bacon. All rights reserved. DACS 2018. Abbildung: Bridgeman Images/Des Moines Art Center.

141 © Jasper Johns/VAGA, New York/DACS, London 2018. Abbildung: Scala, Florenz/Copyright Digital image, The Museum of Modern Art, New York.

143 © Mit Genehmigung der Barford Sculptures Ltd. Foto: John Riddy.

145 © 2018 The Andy Warhol Foundation for the Visual Arts, Inc /Licensed by DACS, London. Abbildung: Scala, Florenz/Copyright Digital image, The Museum of Modern Art, New York.

147 © Bridget Riley 201]. Alle Rechte vorbehalten.

149 © Marlene Dumas. Abbildung: Bridgeman Images/ Privatsammlung.

151 Installation 'Altermodern Tate Triennial 2009', London, England. Mit freundlicher Genehmigung das Künstlers und Hauser & Wirth. Foto: Mike Bruce.

Es wurde alles unternommen, die Zustimmung von Rechtsinhabern zur Veröffentlichung von Copyright-Material zu erhalten. Sollten irgendwelche Irrtümer oder Unterlassungen vorliegen, entschuldigen wir uns von vornherein und wir werden entsprechende Berichtigungen in einer nächsten Auflage durchführen.

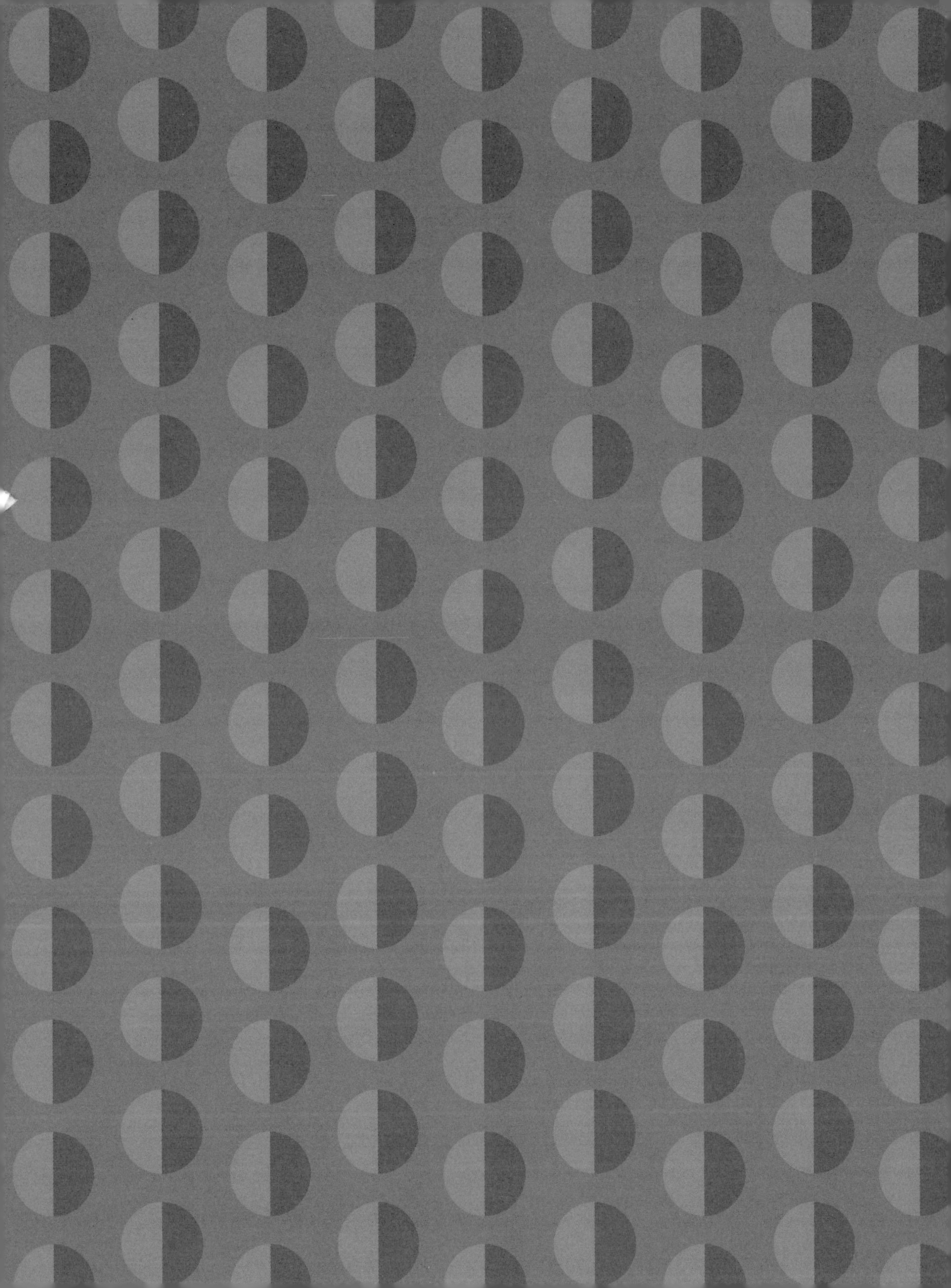